做学生最好的成长导师

张青娟班主任工作艺术99例

Zuo Xuesheng Zuihaode
Chengzhang Daoshi

大夏书系·全国中小学班主任培训用书

张青娟——著

华东师范大学出版社

上海著名商标 ECNUP

全国百佳图书出版单位

目 录 CONTENTS

教室里的风景——兴趣，让你成为有情趣的人

等待花开——用心，呵护你的成长

锦上添花——引导，让优秀的孩子更优秀

心中有他人——爱，让心灵渐渐变得柔软

相看两不厌——沟通，让你在和谐中成长

三省吾身——反思，孩子促我成长

做学生最好的成长导师——张青娟班主任工作艺术99例

序一　陪孩子走过这段时光

有些成人总认为半大不小的孩子不会有什么苦恼，可事实上，孩子也有孩子的苦恼：学习的压力，成绩的起伏，家长的不理解，同学间的矛盾，师生间的摩擦……发生在孩子们身上的这些事情，在他们的人生中，哪一件不是惊天动地的大事？

作为教师，尤其是和孩子们接触时间最多的班主任，只要真正把孩子放在心上，孩子的内心世界便会自然敞开。

走入孩子的内心世界，让他们感受到我的爱，尽我所能陪他们走过高中岁月，一直是我追求的目标。让我感到欣慰的是，我所带过的每一届学生中，总有一些在我面前不设防的孩子。我珍惜这种信任，提醒自己不能辜负了这种信任。

一个被公认为一无是处的孩子却跟我很亲，还想天天给我买早点。当他犯了错误我批评他时，他也能听进去。后来，我因故不当该班班主任了，看似刀枪不入的他竟在大庭广众之下流下了眼泪。他之所以能接受我，源于一件小得不能再小的事情：有一次突然变天，我送给冻得瑟瑟发抖的他一件外套。

多年的教育经验告诉我，只要真诚地对待学生，学生就能感受到你的爱，很多教育问题也能迎刃而解。

孩子毕竟是孩子，他们容易感情用事，不像成人那么理智。很多孩子往往因为不喜欢某个老师，也就不喜欢他教的课，哪怕他说的是真理，孩子也会从心里抗拒。所以，我信奉"亲其师，信其道"的古训，而"爱"正是达到"亲其师"的绝佳途径。

对优等生付出爱比较容易，但对所有孩子都一视同仁地付出爱却很难。其实，换一个评价标准，就会多一批优秀的孩子。我力争把这句话落实到我工作的方方面面。

教育的对象是人，人是有感情的。如果对孩子没有爱，那么即使你学富五车，满腹经纶，孩子也可能对你敬而远之，这样的教育就难以收到预期效果。

我曾收到这样一则短信：

"张老师：您应该早已把我忘记了，我刚刚整理我以前的日记时，发现里面夹着 2007 年您写给我的一封信……当时正上高三，我竟因为×老师说了我几句就感到无比心痛。现在的我已经大学毕业，成熟了许多，可看到当年亲切如您的文字，我还是像林黛玉一样落了泪。我现在也是老师了，多么希望自己也能做一名像您一样的老师。"

有些孩子渴望接近我，但其内向性格却让他们只能远远地看着我。对于这些孩子，我就主动采取笔谈的方式和他们交流，周记本、作文本成了我们交流的主阵地。很多孩子以能和我有这么一个秘密而感到自豪。一个叫侯清华的女生曾这样写道："不管是生活上还是学习上的问题，除了面谈，我们还会给老师写信，或者附在作文后面，老师都会认真地回复。看到那些温暖的文字，再怎么不安的情绪也平复了。"

笔谈具有面谈所没有的优势，比如写下来的文字比说出来的话正规、便于保存、可以反复阅读等，缺点是费时。但如果孩子们需要，我愿意花费更多的时间去和他们笔谈。为了这些可爱的孩子，所有的付出我都心甘情愿。

做教师，甘苦自知。经常听同行抱怨待遇差、学生差、付出没有回报等，我却非常享受我的工作，而且越来越喜欢我的职业。每天走进教室，对我而言都是一种享受，和孩子们打交道，轻松愉悦。所有的付出，在我看来都是一种乐趣，一种绝不求回报的乐趣。

毕业后，还有很多孩子记得我。当他们成群结队来看我时，当我收到他们发来的短信、接到他们打来的电话时，当他们回忆起我说过或写过的某句话、我的某个表情或某个动作带给他们的影响时……我感到既欣慰又惶恐。很多很多的细节，我都毫无印象了，而他们却铭记至今。

在孩子们成长的过程中，我有幸陪在他们身边，真诚地和他们交流，尽力为他们答疑解惑，排解他们之间的纠纷，严肃而温和地矫正他们的过失，小心翼翼地呵护他们敏感的内心。成为他们高中阶段的良师益友，这是我追求的目标。

如果说我的努力在他们的高中生活中还曾起到过一点作用，那么，我以能陪伴他们走过人生的这一阶段为荣。

张青娟

序二　我的特殊朋友

张老师在电话里让我给她的书写个序，我快要乐疯了！这可以说是我从小到大接到过的最最甜蜜的"作业"了。一直以来，无论张老师说什么我都爱听，听她讲话，就好像喉咙很干时喝下一口冰糖雪梨，又仿佛第一次牵手时恰巧听到梁静茹的歌，那种感觉真是温润舒畅、沁人心扉。

张老师虽然只带了我高三一年，但她却是一位对我的高中时代颇有影响的特殊朋友。之所以不叫"恩师"，是因为在我心里，张老师更像是一位我生活中如水般淡然却又如水般不可或缺的特殊朋友。

电话中张老师的声音一下将我拉回到那年夏天静静的教室里，彼时的那个声音不知给了我多少鼓励。高中三年，是我最最自卑的三年。用张老师的话说就是，看上去我貌似一个大大咧咧的史湘云，实则内心里却藏着一个哭哭啼啼的林黛玉。而我林黛玉的一面也只有张老师才能发现。当时的我，身处一个十分尴尬的位置——重点班的倒数。整日郁闷的我，无人可以倾诉。多少次，我鼓起勇气想给张老师写封信，可是一想到那么多"好学生"整日围在张老师身旁打转，她怎么还会有时间理会我这个什么都做不好的胖女孩呢？

终日迷茫的我偶然看到了三毛的书，她的文字让我更加向往撒哈拉沙漠上那种自由率性的生活。还有她的爱情，虽然短暂，却刻骨铭心。看完之后，那种急于想找人倾吐的感觉让我又一次想到亲爱的张老师，我写下一页又一页的感触，鼓起勇气给了张老师，和她分享。张老师在回信中写道："即使如三毛那样轰轰烈烈的爱情，也许只有呈现于纸上时才能够深深打动我们，甚至打动她自己；而真正的生活，具体到每一天，更可能的常态是平淡，甚至是乏味。所以，无论生活给了我们什么颜色，我们都应该笑脸相对，力争把平凡的日子过得不平凡，把平淡的生活过得精彩。"那时的我还不能完全理解这些话的含义，现在我终于明白了。

当年自卑的我唯一的自信来源就是语文课。每当张老师念我的作文时，我就会觉得自己也是一个发光体，即使发出的是如萤火虫般微弱的光芒。

有一次课堂上，我拽着衣角不知所措地站着，回答不出那道已经被老师讲了 N 遍的题。那位老师既失望又生气的眼神像针一样刺向我，一句句刺耳的话语密集地砸向我，我仅剩的那点可怜的学习信心也消失殆尽……高考冲刺阶段，我却不想再去学校。有一天，我狠下心一股脑儿写下了沉积心中许久的迷茫、失落、无助——关于大学，关于友情，关于我内心深处的强烈自卑——鼓起所有勇气交给了张老师。接下来就是忐忑地等待，不知张老师有没有时间理会我这个并不优秀的胖女孩……

很快我就接到了张老师的回信。那是 2007 年 4 月 16 日，我清晰地记得当我激动地打开那封我保存至今的信时，我的眼泪竟不由自主地掉了下来。是的，只有张老师懂我！那封信仿佛是一位长者亲手喂我喝下的一碗心灵鸡汤，解除了我当初所有的困惑。至今我都记得张老师信中的每一句话：

关于高考，张老师说："不就一道理科题没做出来吗？谁没有走麦城的时候！"

关于友情，张老师说："拥有时珍惜，失去时就旷达些。"

关于自卑，张老师说："在我眼里，你真的是很优秀的一个，你要相信自己！"

……

张老师，您一定不知道当年的那些话给了我多大的鼓励。现在的我已经毕业，也成为人师了，但每每遇到困惑时，我都会翻看您写给我的信。当我再次打开早已泛黄的信纸，触摸着那些亲切如您的文字时，我就更加深刻地理解了"教师"二字的含义与分量。我多么希望自己也能做一位如您般可以开启学生心灵的好老师，我也想让我的学生收获到比知识更加重要的东西——对人生的感悟。

听到您写书的消息，我顿时有种不拿自己当外人的自豪感。您告诉过我们，"独乐乐不如众乐乐"，所以，我希望有更多的人可以看到这本书，希望有更多的老师像您一样，也希望有更多的学生能如我一般幸运，在成长过程中遇到一位或几位属于自己的特殊朋友。

2007 届毕业生　卫娜

序三　忘不了您，张老师

"香玉，生日快乐。"每年的7月5日——我的生日，我都会收到来自张老师的祝福电话或短信。

高中毕业整整五年了，张老师还记得我的生日。

想到张老师，我就回忆起她精湛的教学艺术，仿佛又回到了当初如沐春风的课堂上，杜甫的"随风潜入夜，润物细无声"好像就是为她这样的老师量身打造的诗句；想到张老师，我脑海里就跳出温文尔雅、和蔼可亲、平易近人等词语，她就像慈母一样悉心关照着班上的每一个同学；想到张老师，我还会想到我珍藏的日记本……想着想着，我脑海里就全乱了，因为我发现想写的太多了，全然没有了主题。

于是，我翻开珍藏了五年并打算永远珍藏下去的日记本。那上面记录着我当年的喜怒哀乐，记录着张老师对我的开导和鼓励。日记本，是我和张老师之间秘密交流的载体。

现在回忆起来，真不知道当时张老师是用什么魔法让我在见到她第一面时就深深地喜欢上她的，之后，我便自觉地把她当作我的良师、我的知己。我将所有心事都写在纸上，在全班同学不注意的时候悄悄塞给她，然后满心欢喜地期待她的回复。

日记本上的内容各种各样：有成绩退步后的伤心难过，有对未来的担忧和恐惧，有对社会现象的个人看法，也有小小的喜悦……总之，想和张老师说的所有话我都会写到日记上，每次她都会及时回复我，有时还会找我面对面交谈。

我用一段段文字向张老师倾诉着我青春时期所有的琐碎生活。那时，处在青春期的我敏感脆弱，就像一颗刚刚萌芽的种子，需要得到细心呵护方能顺利成长。张老师就是我心灵的园丁，她小心翼翼地浇灌着我这株小嫩芽，为我解开一把又一把心锁，让我平稳地度过了那段敏感脆弱的时期。

一次又一次，日记本渐渐往后翻着。于是，我拥有了一个我和张老师之间的秘密。

我一直以为只有我一个人和张老师拥有这种交流方式，拥有这个秘密。直到高中临近毕业的某一天，我忽然惊讶地发现，班上许多同学都像我一样，和张老师有着类似的心灵交流，只是他们也都像我一样把这当作专属于自己的秘密。有些同学的本子竟然比我的还厚！

　　现在我已经工作了，但每每遇到什么困惑，我还是习惯性地想起张老师；逢年过节，我也会想到张老师，送上我的祝福。学生想到老师是天经地义的事，然而我没有想到的是，每年我生日时张老师都会送给我暖暖的问候。这样的惦记，我怎能不感动？

　　我对数字不敏感，到目前为止，我只能记住五个最亲的人的电话号码，张老师的电话便是其中一个。

　　我在高兴与忐忑不安中写下这些文字。我高兴的是，张老师能把给书写序这么重要的事情托付给我；我不安的是，怕我的拙笔不能还原一个真实的张老师。

　　忘不了您，张老师。

2007 届毕业生　张香玉

如是我班

——班级，身心栖息的港湾

1. 我们的老师是最棒的

这是孩子们进入高中后的第一次班会。大屏幕上出现了一张全体科任老师的合影：操场中间的草坪上，是一群或坐或躺、或蹲或站的姿态各异的老师。手脚朝天、动作幅度最大的是体育老师；成竹在胸、伸出右手做出"V"形手势的是数学老师；咧着大嘴憨笑的是年轻的政治老师；站在后排、笑不露齿的是端庄的化学老师；调皮地伸出双手的食指和中指、给左右两边的老师造出了两个犄角的是英语老师；而站在中间、伸出两臂搂着旁边两个老师脖子的就是我这个班主任……学生瞪大眼睛看着屏幕上跟平时的印象完全不同的老师，一个个都非常好奇。

照片上的这群老师搭班送走了好几届学生，刚刚一起从高三循环下来。上届学生照毕业照的时候，我们也趁机照了一组照片。此刻，大屏幕上出现的就是其中的一张。我一点鼠标，屏幕上换成了数学老师的几张看似随意、实则被我刻意排列的照片，有单人照，也有和学生的合影，旁边出现了一行醒目的大字：这个女人不寻常。教室里响起了轻轻的笑声。

这些年来，历届学生在习作中写到老师的文章我保留了不少。现在，我就从我的库存中选取了一些描写数学老师的片段，轻点鼠标，把"学生印象"展示给我的新弟子：

> 她口齿伶俐，思路清晰。她的课堂容量大，上她的课，你的注意力必须高度集中，否则就跟不上趟了——别怪我没提醒你噢。

> 经她训练过的学生，逻辑思维能力均有大的提升，我就是她训练出来的一个"成功产品"。

> 枯燥的数学什么时候变得妙趣横生了？我寻寻觅觅，苦苦思索，终于找到了答案，原来是从她带课开始的。

> 她的手轻轻搭在我额头上，满脸的关切，我觉得所有的不适都被这轻轻的一触带离了我的身体。

> ……

3

如是我班——班级，身心栖息的港湾如是我班——班级，身心栖息的港湾接下来，我向同学们展示的是"成绩斐然"环节：

教学能手；师德标兵；优秀教师；她带的历届学生高考成绩统计图，最高分是 145 分。

……

我还"逼"着每一位科任老师为我们班写了一段寄语，作为我介绍他们的第三个环节——"教师寄语"。数学老师写的寄语是：

我愿意做你们的良师，更愿意当你们的益友。能陪伴你们走过人生最美丽的三年，是我的幸运。不是所有的努力都有收获，但不努力绝对没有收获。让我们一起加油！

最后的结束语是我写给孩子们的一段话：

这是一个敬业的教师群体，也是一个配合默契的教师群体。这个群体有能力面对你们学习中遇到的一切问题，有信心让每一个努力的同学都取得理想的成绩。在我们以后长达三年的相处中，小摩擦、小矛盾是免不了的，但是，请大家坚信，所有老师都是真心希望你们好的。让我们彼此珍惜这段缘分。

我们班所有的科任老师都以这样的形式在学生面前亮了相。虽然开学还没几天，但这种形式让孩子们对各科老师有了一个大概的了解，拉近了师生之间的距离。更关键的是，孩子们对我们这个教师队伍有了信心，下一步的师生交往就很容易步入良性轨道。

当然，人无完人，老师们也各有长短。首次亮相，我只把每位老师身上最闪光的部分展示给了学生。我认为，只要学生从心里接受了老师，以后即使出现了矛盾，解决起来也会容易很多。

2. 天天快乐

班训是班集体对班级每位成员的一种教导和训诫，是班集体的灵魂，简称班魂，它是班集体独有的精神理念。如何让一个新组成的班级快速形成一个核心理念、具有强大的凝聚力呢？我想到了在班级征集班训的点子，具体过程就落实在一节班会上。

大屏幕上展示了国内外一些名校的校训。"大家观察一下，能发现这些校训有什么共同特点吗？"我启发大家。"校训差不多就是学校追求的目标吧？"叽叽喳喳一阵后，大家都认可了这个说法，我也觉得这个通俗的解释朴实可爱。

"校训咱们还没资格插手，再说我觉得咱们学校的校训跟国内外那些有名高校的校训放一起也不逊色。虽然我们只是一所中学，但我们的校训已经有一百多年的历史了，到今天还熠熠生辉。那我们就做点力所能及的事吧，大家集思广益，给咱们这个新组成的班级确定一个班训吧。"我鼓动大家。

前边有那么多名校铺垫，孩子们觉得这件事很神圣、很庄严，个个都一脸严肃，认真思考起来。过了一会儿，大家开始小声议论起来。我下去转了一圈，孩子们恨不得把天下所有的佳词丽句都拿来，每个人都觉得自己想的那个最好。

"我觉得除了斯坦福大学和北京师范大学的校训我们不好套用，其他的都行，随便哪个借用过来都不错。"有人发表意见了。"太懒了！'拿来主义'也不是这么个拿法。"有人马上反驳。"大家是赞同借用呢，还是自力更生想一个？""当然是自力更生了！"大家异口同声地回答。"那我们就想一个符合我们班情的班训。大家随便说说上高中以来最深的感受吧，这样咱们才好有的放矢。"

"我初中成绩还不错，但很多人都说女生上了高中就不行了，我担心自己就是那些不行的女生中的一个。""高中上课跟初中完全不一样，一节课讲那么多，我担心跟不上。""心里没底，担心一考试就一败涂地。""我爸爸天天在我耳朵边唠叨，说表哥考上人大了，李叔的女儿考上交大了，我将来要是考不上一个好点的大学，他都没脸见人家了。我一回到家，心里就像压了个磨盘一样，沉重得不行。""我初中最好的朋友考到了另一所高中，我觉得再也交不到那么知心的朋友了。"……

我吃惊地发现很少有孩子感到快乐，一个个忧心忡忡的，小小年纪，心里怎么能装得下那么多忧虑？为什么不给快乐一席之地呢？

"针对现状，大家觉得我们班需要什么样的班训呢？"经过统计，出现频率最高的一些词是：努力、拼搏、刻苦、勤奋、进取……这些词有一个共同点，即最终都指向高考。我心里暗暗地叹了口气，不怪孩子们没有创意，现在的孩子也真是可怜。

"天天快乐！我觉得这四个字就行。"我眼前一亮，注视着说话的孩子。"嗤，太没有文化含量了。"有人马上提出了异议。"学习压力这么大，能快乐吗？""能不学习吗？""异想天开！""既然不能不学习，与其苦苦煎熬，不如从学习中找到乐趣。"他们倒先争论起来了。

我问选这个口号的孩子："为什么选这四个字呢？""我就是觉得快乐才最重要。快乐了，心情当然好，学习效率自然也就高了。能乐学多好，干吗整得跟个苦行僧一样？"教室里安静了好一会儿，有人点头了。

我在黑板上补充上"天天快乐"后说道："咱们从黑板上写着的这些班训里选择一个，大家举手表决吧。"最后，"天天快乐"以绝对优势胜出。

我总结道："快乐，是一种心态。有了快乐的心态，学习也许就不那么辛苦了。我建议大家每天早上起床时，就在心里对自己说，今天我一定要快乐；晚上睡前，也梳理一下今天收获了哪些快乐。快乐，不只是考了个好成绩，它还包括交了一个新朋友，吃了一顿美食，穿了一件新衣，看到了陌生人一个友好的眼神，等等。从明天起，这个班训就写在我们黑板的一侧，长期保留。大家一抬头就能看到它，就提醒自己一定要快乐。教室后面的黑板上也写上，提醒老师也要快乐。"

第二天，教室前后黑板的一角都写上了"天天快乐"，上面还很有创意地画了一个咧着大嘴的笑脸。

3. 那年的中秋节

学校从外县录取了八个品学兼优的农村孩子，免收学费，并提供吃住。这八个孩子都被安排在我所带的高一（1）班。

起初我挺高兴，觉得这是一个多赢的举措：既能减轻这八个孩子家庭的负担，又能让他们享受到城里优质的教育资源，还能让城乡孩子之间互相学习，也能扩大学校的影响⋯⋯

没想到一开学我就发现了问题。

课余时间，从不同初中升上来的城里孩子很自然地扎成一堆；体育课上的自由活动时间，城里的男孩子咋咋呼呼地踢足球、打篮球，女孩子跳皮筋、踢沙包。唯独那八个农村孩子聚在一起用方言交流，显得跟城里孩子格格不入。

这八个孩子的周记里，还充满了对初中生活的怀念和对高中生活的忧虑：

"还有十二天就到国庆节了。我想念初中的老师和同学，甚至连那个外号叫'灭绝师太'的讨厌的数学老师也变得可爱起来了。"

"换了个环境，初中时的优势不复存在了。我的口音、衣着，甚至连饮食习惯都和他们不一样。在他们面前，我感到自卑。"

"我觉得自己没办法融进这个新的集体，我觉得孤独。我该不该回到家乡上高中呢？"

⋯⋯

问题比我想象的还严重！

转眼间开学二十天了，第二天就是中秋节，我还是没能解决这个问题。

晚上躺在床上，我翻来覆去睡不着。他们第一次离开家人，还没有适应新环境就赶上这个团圆节，会不会更感孤独？不管怎样，我得先让他们知道，在这个节日里，我这个班主任记挂着他们。

想到这儿，我爬了起来。打开家里买的月饼，刚好八块。于是我坐到电脑前，写了一封信：

高一（1）班的住校生们：

今天是中秋节，你们一定非常想家，想念初中的老师和同学。十五六岁的年纪，第一次离开父母，到一个陌生的地方求学，一定需要一段时间来适应新的环境。我相信你们会很快适应新环境、喜欢上新集体的，也希望这个新的集体能让你们感到像家一样的温暖。

送你们一人一块月饼，希望你们能从中品出家的温馨来。

一个关心你们的人

署名的时候，我本来写的是"班主任"，但转念一想，也许留点悬念更好，就改成了"一个关心你们的人"。信打印了八份，和月饼一起放在客厅，我这才踏实地重新躺了下来。

第二天，我六点一刻就赶到学校，敲开门，请传达室的师傅打开教学楼的楼门，一路小跑到教室，把月饼和信放到这八个孩子的桌斗里——我要让他们一进教室就有一个小小的惊喜。

整个上午，我都装作若无其事的样子，暗暗观察。我发现班里的气氛跟往日完全不同。只要一下课，那八个孩子身边马上会聚起一群人，大家头碰头叽叽喳喳地议论着，对着那封信和月饼研究个没完没了。

下午上课前，我照例到教室转了转，发现不少回家吃饭的城里孩子带来了绿豆糕、水果等，开朗的同学大大方方地把东西塞到农村孩子手里，还不忘说声"请笑纳"，文静的同学把东西放在他们的桌上，就悄悄地走开了。

放学后，值日生把班级记事本交给我，还刻意叮咛了一句："老师要记得看啊。"

翻开本子，本来只供值日生简单记录班级情况的记事本，现在变成了"推理接龙"。先是值日生记录下的月饼故事，后边跟着同学们的推理。我饶有兴趣地看着这些不同笔迹的文字：

"这当然是班主任了。咱们刚来的时候，不是她跑前跑后地给咱们张罗吗？我觉得她比其他老师更关心咱们。再说，这二十多天，咱们也就跟班主任接触得多点，其他老师还不怎么熟。"

"开始我也以为是班主任，但后来我觉得班主任今天的表现和往常没什么两样，要是她送的，她起码要露出点蛛丝马迹吧？我觉得就是咱们班哪个同学。"

"首先不会是个学生。琢磨琢磨这封信的语气，绝对是个成人。不会是哪个家长吧？"

......

中秋节后的第二天，我欣喜地看到，体育课上，踢足球的男生中有两个农村孩子，打篮球的男生中有三个农村孩子，一群尖叫着踢沙包的女生中有那三个农村女生。原先壁垒分明的城乡界限，再也不存在了。

4. 带着奶奶来联欢

"青线线（那个）蓝线线，蓝格英英（的）彩，生下一个兰花花，实实的爱死人……"

我们班里传出了高亢的陕北民歌《兰花花》，声音极富穿透力。随着歌声，我们教室的前后门，还有窗户外，渐渐挤满了脑袋，个个都一脸惊奇。在这一片脑袋中，我竟然瞥见了正在巡查各班联欢会进行情况的校长和书记，他们也一脸惊讶。外边的人一定感到有点奇怪：现在的高中生还有爱唱这类民歌的？其实，在我们班唱歌的这个人还真不是学生，而是一位七十多岁的老奶奶！

事情原来是这样的：

元旦快到了，班委会紧锣密鼓地筹备元旦联欢会，唱歌的、跳舞的、演小品的……谁当主持人，谁搞后勤服务……倒也组织得井井有条。

联欢会在大家的热切期盼中就要开始了。

那天上午，班上的李玲玲来办公室找我，问能不能带她奶奶来参加联欢会。我愣了一下，这种情况从来没有遇到过。

李玲玲解释道："昨天回家后，我说班里要举行元旦联欢会，奶奶问我是不是跟电视上的晚会一样，我说差不多。奶奶既羡慕又伤感地说，她从来没参加过联欢会，这辈子都没有这个机会了。我听了很难过，就想让奶奶也参加一回。老师，行不行？"

李玲玲的家庭情况我比较了解。父母离异后，她跟着父亲生活。她父亲要经常出差，没时间照顾她，就把她的奶奶从陕北农村接了过来，照顾她的饮食起居。

李玲玲和奶奶的感情很深。她的作文、周记中的主角基本上都是奶奶，我从中也了解到她的奶奶离开老家后很不习惯城里的生活，经常在家里念叨等孙女考上大学就好了，她就可以回陕北老家了。李玲玲很心疼奶奶，但现阶段她却无能为力。

我喜欢这个孩子的善解人意，她能体谅奶奶，还愿意为奶奶圆梦，于是我就爽快地对她说了一句"当然行"。李玲玲一下子乐开了花："谢谢老师！"她冲我鞠了一躬，跑了出去。

下午两节课后，大家把桌凳靠墙围成一圈，空出了中间的场地用来表演。后勤组的同学在教室里拉上了彩条，桌子上摆了花生、瓜子、水果，黑板上画了漂亮的图案，写了立体的美术字，教室一下子显得喜气洋洋。布置完毕后，大家就座，我从办公室请来了李玲玲的奶奶。同学们先是一愣，接着就使劲拍起巴掌表示欢迎，两个女生跑上来拉着李奶奶，把正中间最好的位置让给了李玲玲和李奶奶。联欢会还没正式开始，我们班就掀起了一个小高潮。

李奶奶非常专注地观看同学们的演出，脸上的皱纹都舒展开来，表情很是陶醉。每个节目结束后，李奶奶都高兴地鼓掌。因为李奶奶在场，大家表演的兴致更高了，很多同学都超水平发挥。王丽唱歌的时候，我发现李奶奶的嘴唇也跟着一动一动的。我想起了李玲玲在作文中曾写过她奶奶很爱唱歌，在老家那一带很有名气。于是，我就悄悄地向主持人提议，一会儿让李奶奶也表演一个节目。

"精彩、幽默的小品表演让大家乐弯了腰，那我们今天的特邀嘉宾——李奶奶的表演又会给我们带来怎样的享受呢？下面请李奶奶为我们表演一个节目，大家欢迎！"主持人话音一落，大家都兴奋地拍起了巴掌，视线全部集中到李奶奶身上。

李奶奶愣了一下，连连摆手。大家的掌声更热烈了，李玲玲在旁边摇着奶奶的胳膊撒娇："唱一个嘛，就唱老家的歌，你在家不是经常唱吗？"就这样，陕北民歌《兰花花》从我们的教室里飞出去了。

李奶奶的陕北民歌唱得地道，是真正的原生态。孩子们为她热烈鼓掌，趴在窗台和挤在门口的外班学生也鼓起掌来，鼓掌的人中也包括校长和书记，还有人大声喊道："再来一个！"李奶奶既高兴又害羞，脸都红了，人一下子显得年轻了许多。

元旦过后，李玲玲告诉我以后班里再有这类活动她还想带奶奶来参加。我提议道："下次你要提前给奶奶打扮打扮，让她像个真正的明星那样站在中间为我们表演。"李玲玲眼睛一亮："一定！那是必须的！"

受此启发，在学校开运动会的时候，我特意邀请了我们班的运动健将刘建军的爸爸来观看刘建军的长跑比赛。

后来，我在班上宣布：以后班上组织的所有活动，都欢迎家长参加。如果教室坐不下，老师负责出面借学校的会议室。但是，一定要本着家长自愿的原则，在不影响家长工作和正常生活的前提下参加，因为我们的活动基本都是在家长的工作日进行的，不能让家长为难。

5. 我们班的公开课

这几天学生有点蔫，班里气氛有点沉闷，课堂也没有以前活跃了。经过了解才知道，原来学生正为老师没选在我们班上公开课而郁闷，尤其是连我这个班主任也这样，就更让他们沮丧了。

这周是学校的教学展示周，我们班的科任教师中有四个要上展示课，其中也包括我。其实，大家选择在二班上公开课，只是因为二班和实验室紧挨着，给听课教师搬凳子方便，跟我们一班的表现好坏没什么关系。可让我想不到的是，这件事竟然影响到了孩子们的情绪。

既然他们这么在乎，我觉得倒可以借此做做文章。利用班会，我组织孩子们围绕这件事展开讨论："咱们班很烂吗？老师们都很讨厌咱们班吗？"

"是啊，连班头你都不愿在咱们班上公开课了。"

"我们到底哪里做得不好啊？也没人跟我们说，要改都无从改起嘛。"

"这几天二班同学都趾高气扬的，我觉得一下子低人一等了。"

"我本来觉得咱们班是最牛的，但这几天开始怀疑了，我有一种挫败感。"

……

老师们觉得很平常的一件事，却让孩子们产生如此激烈的反应，我有点吃惊。为了把话题引向深入，我问道："大家觉得会是什么原因呢？"

"会不会是因为咱们班发言不够积极踊跃？"

"有可能。我觉得咱们班爱举手的同学很少，其实大多数人都是可以解答问题的。"

"可能是因为上次咱们班的成绩比二班差了一点点。"

"是不是上周我和刘立伟上课说话，惹物理老师生气了？"

"有一次生物老师看到咱们班垃圾桶旁边有纸片，就捡起来扔了进去。她会不会嫌咱们班卫生不好啊？"

……

"问题找了一大堆，说说该怎么办吧。"我适时地说道。

一阵沉默后，大家便开始抢着发言了。

"我保证以后教室里任何时候都是干干净净、整整齐齐的。"说话的是生活委员。

"我提议以后咱们都踊跃举手发言，这也是一个锻炼自己的机会啊。大家能不能做到？"班长发出了倡议。"能！"这声回答真是惊天动地。班长接着说："不该说话的时候，不要交头接耳。争点气，好好努力，下次考试看我们的成绩！"大家纷纷点头。

我觉得差不多了，就总结道："在今天的班会上，大家反思了咱们班存在的缺点和不足，也明白了下一步努力的方向。其实，老师在哪个班上公开课，真的不像大家想的那么严重。不过，为了大家的集体荣誉感，我决定把明天的语文公开课换在咱们班上，班会后我就去向教研室申请。"讲台下面一片欢呼。

那次我的展示课上得很成功，孩子们表现得非常好，连听课教师也忍不住加入我们的课堂讨论中。更让我感到欣慰的是，孩子们越来越懂得自律了。

6.　一场趣味比赛

　　我们年级要组织一场趣味比赛：40（20 男、20 女）×80 米拍篮球钻呼啦圈迎面接力。

　　从作出决定到正式比赛只有一周时间。课外活动时，其他七个班都在操场上热火朝天地练习，就我们班没有任何动静。同学们一定认为这一次必输无疑，所以也就觉得没有训练的必要了。也难怪，论人数，我们班的女生刚好二十个，高低胖瘦全得上，丝毫没有挑选的余地；论实力，我们班的体育成绩更不怎么样，跑得快的、球打得好的都不在我们班。但是，赛前就认输，这可不是我们班的做派。

　　我找来体育委员，为他鼓劲儿。体育委员说我多虑了："训练不在次数多，关键得看效果。"他还说我太悲观了："这样的趣味比赛跟运动实力没多大关系，也许我们还可以出奇制胜呢。"我说可以输比赛，但绝对不能输精神。"那当然，我们的班级口号不就是'拼到最后'吗?"对此，体育委员自然是认同的。

　　说实话，我对输赢还真不怎么在乎，本来就只是一场丰富学习生活的趣味比赛。但既然是比赛，就会有输赢，赢总比输感觉好吧！

　　比赛前一天，我们班才到操场训练了一次。体育委员把全班同学分成两拨，讲了规则，让每人练了一遍，很快就收场了。

　　比赛时间到了，我站在旁边等着为他们呐喊助威。果然是趣味比赛，笑料极多：大多数女生拍球的速度不仅很慢，而且动作千奇百怪；速度快的男生放下球钻呼啦圈的时候，球自己已经滚远了——按规则，他得追上球再从那个地方重新开始，这就浪费了时间；有人钻呼啦圈不从上往下套，偏要从下往上，使得呼啦圈经常和衣服纠缠在一起；有的同学交接篮球时缺乏默契，甚至头碰了头……操场上笑声不断。

　　轮到我们班上场了。跑了没几个来回，我就发现了不一样：每个同学都不是把球放在地上，而是用脚夹住，免得球滚跑了；钻呼啦圈时都是半蹲着把呼啦圈举起来从上往下套，非常省时；交接篮球时，交球的人从左首退场，接球的人从右首上场……虽然速度不快，但井然有序，失误很少，结果我们班以绝对优势获得了第一名。

原来，在别的班训练的时候，我们班的同学其实没闲着，"智囊团"就在旁边观摩，那些常见的失误他们看在眼里，并琢磨了破解的办法，然后讲给全班听。做好了充分的准备后，他们实地训练了一次，效果就出来了。

赛后有同事在办公室感慨："你们班是用脑子在比赛，我们班只知道出蛮力，不服不行啊！"

7. 用"计谋"留下好班长

想不到，班长李建军找我撂挑子了！

我带的是新组不久的高一，开学初，我指定了临时班委。我对指定的班长李建军很有信心，报到时，我就发现他很有领导才能，指挥几个同学发课本，领清洁工具，打扫卫生……

一个月后的"十一"越野赛（其实就是在操场跑圈），证明我眼力不错。"十一"前夕，我突然得了急性肠炎，连夜住进了医院。我放心不下越野赛，对前去探望的班干部千叮咛万嘱咐。李建军大包大揽，保证把越野赛组织好。果然，越野赛上，我们班大出风头，一举赢得了总分第一和精神文明奖两项大奖。

一个新组成的班级，班主任不在，竟然取得了这么好的成绩，让全校师生刮目相看。李建军后来向我汇报："从医院回校的路上，我们就商量：先摸底，再分工协作，结果发现咱们班长跑苗子不少。我们不满足只拿个总分第一，还想得精神文明奖，让全校看看咱们班的精神风貌。李洋的姑姑是校团委书记，我就让李洋去借鼓号，到时鼓号齐鸣，营造气氛；'眼镜'的毛笔字呱呱叫，我让他写了几条标语，挂在咱们班前边；几个作文写得好的同学组成通讯组，写广播稿，赞美运动员的拼搏精神，感谢裁判员的辛勤劳动……比赛一开始，咱班的广播稿就送上去了，由于没有竞争对手，稿子马上就被播出了，其他班这才如梦方醒。再加上别的班都死气沉沉的，就咱们班生机勃勃，呐喊助威声震天响，不但给自己加油，也为别班鼓劲。连校长都称赞咱们班呢。"看来李建军还真有当领导的天分，我自愧不如。

谁知越野赛刚过一周，却出了一场不大不小的风波。那天自习课上，班里有点乱。有个叫丛林的同学尤其过分，都下座位了。其他班干部怕得罪人，只喊了声"安静！"就算尽到了责任。李建军点名道姓地吼道："丛林，注意纪律！"这下丛林觉得没面子了，反驳道："你凭什么说我？你那班长也不是选出来的。"下了课，李建军就情绪激动地找我辞职："我当班长名不正言不顺，既然有人说了，我就不再赖在这个位子上了！"

我想了想说："我在班里搞个表决，如果大家不同意你继续当，那就算了；如果大家都同意，那你就继续当：这样也就名正言顺了。不过，希望你以后能注意工作艺术。"李建军还是激动地说："没有以后了。现在的高中生，谁还会像小学生一样，傻乎乎地举手表决呀？不当也罢，免得受气。"我狡黠地一笑："那就走着看吧。"

第二天，我在班上说："昨天李建军找我辞职，大家的意见呢？"大家都看着丛林，丛林的头低了下来，但没有人发表意见。我继续说："我给李建军的答复是搞个表决：如果大家同意他继续当，他就接着当；如果大家不同意，那就换一个。"

我扫了一眼全班："没意见就这样吧。不同意李建军继续当班长的请举手。"大家都愣了，连李建军也吃惊地抬起头来——谁也没想到我会这样问。结果不说大家也能猜到，全班没一个人举手，连丛林的手也没举起来。李建军只好"名正言顺"地继续当班长。我用"计谋"留下了一个好班长。

做学生最好的成长导师——张青娟班主任工作艺术99例

8. 一抹五颜六色的风景

看到课代表交上来的作业，我迷惑不解。最上面一沓作业本上都系着一根一模一样的红毛线。我看着课代表，满脸挂满了问号。

课代表笑着指指上边的本子说："老师翻翻看。"我还是不明所以，随手翻开最上边的一本，原来这根毛线穿过本次作业的第一个页面，然后在封皮上系一个结。"老师，顺手吗？翻起来是不是方便多了？"我马上反应过来，这下改作业真是方便多了。我真为我们班这些善解人意的孩子感到骄傲。

每个周五下午，是我们班课代表发本周周记的时间。上周，我外出学习了两天，回来又承担了一节校内公开课，加上学校、班上一堆乱七八糟的杂事，虽然加班加点，可还是忙不过来。到了我和课代表约好的固定发本子的时间，我却依然埋头批改最后三四本周记。

课代表打报告进了办公室，我头也不抬、略带歉意地对课代表说："真是不好意思，请稍等一会儿，马上就改完了。"课代表安慰我说："没事，老师您别着急，慢慢改。"我迅速合上改完的一本，放到左边，又从右边拿起一本没改的。真是越急越出乱，翻了好几次都没翻到地方，我无奈地摇摇头，感慨了一句："要是一下就能翻到就好了，那改一次作业能省不少时间呢。"

说者无心，听者有意。没想到隔了个周末，收上来的作业就变了模样。我欣喜地拍拍课代表的肩膀，赞叹道："好创意！你是怎么想到这个高招的？"课代表解释道："上周发完本子，我回家想了又想。还真是，本子越写越多，翻起来越来越费事。也许翻一个本子不会花多长时间，但加起来就多了，有些作业天天都要批改，那浪费的时间就更不得了了。怎么让老师一下子就能翻到地方呢？我想到夹书签、折起来等办法。我拿自己的本子试验了一下，要么不可行，要么不美观，都被我 pass 了。后来我看到妈妈正在织毛衣，忽然灵感一现，剪了段毛线一试，觉得不错。周一我就带了些毛线，先用十个本子试试。您要是觉得行，我就下去推广。"

我又翻开了几本，连连点头："真是太好了！""那我就下去推广了。"课代表高兴地跑出了办公室。

第二天，数学课代表第一个抱着一摞系着五颜六色毛线的本子进了办公室。数学老师对着作业本左看右看，幽默地说道："怎么化妆了？别以为穿上了'马甲'我就不认识你了。"改了几本后，他忍不住冲到我面前，把我们班表扬了一番。

现在，我们班所有的作业本都系上了五颜六色的蝴蝶结，那是我们班一抹独特的风景。

9. 拔河比赛以后

我们班刚刚结束了与七班的一场拔河比赛，还差点和七班打了一架。失败而归的孩子们垂头丧气地回到了教室。

我站在讲台上，静静地看着孩子们，好久好久，一句话都没有说。一开始，孩子们也都静静地看着我，没有一个交头接耳的。他们的表情惊人的一致：痛苦、遗憾、惋惜……还有愤怒。在我长久、默默的注视下，有几个孩子低下了头。慢慢地，低头的孩子越来越多。

我终于开口了："大家都把头抬起来！"低下去的脑袋慢慢地抬了起来。"大家说说此刻的心情吧。"

"太不公平了！我们还没有准备好，裁判的哨子就吹响了！"

"就是，我们要向校方提出严正抗议！"

"七班胜之不武！"

"我们要求重赛，我们班绝对有拿冠军的实力！"

"如果校方不接受我们的意见，我们就拒绝领取亚军的奖状！"

"最后太过瘾了，看到七班摔倒一大片，我觉得出了一口恶气！我们班真是太默契了、太团结了。我为我们班感到自豪！"

想起刚才操场上七班同学往后重重跌倒的狼狈样，这些孩子几乎都是一副幸灾乐祸的表情。

"我听到的都是别人的不是，那我们有没有不妥的地方？"

有孩子犹豫地试探道："我们是受害方，没做错什么吧？"

"就是，我同桌的手都让绳子勒破了，这样的结果都对不起他的手。"

"不过——最后，我们不约而同地松了绳子，害得七班倒了一大片，好像有点不地道吧？"有人小声嘀咕了一句。听了这话，好多孩子的脸上有一种既不服气又不得不认账的尴尬。

"裁判已经喊了预备，我们这边还在吵吵嚷嚷，也不能全怪人家裁判。"

"运动员最起码的要求就是服从裁判吧？"

"刚才有同学一直说校方校方的，这不就是把我们和学校对立起来了吗？措辞有问题。"

"其实，我们要不放弃，也不是没有挽回的可能，还是我们的意志不够坚强，我觉得懂得坚持就是成熟的表现。"

"我们班的好胜心太强了，赢得起输不起。生活中哪有常胜将军啊？我觉得成熟的标志就是能输得起。"

"比赛就会有输赢。我们今天不但输了比赛，还输了'人'。"

"更可怕的是我们不约而同地松了绳子，怎么会那么一致呢？是不是说明我们心理比较阴暗？"

……

我欣慰地看到孩子们终于开始反思自己的问题了。

最后，全班达成了共识，班委会成员代表全班登门向七班同学真诚地道了歉；七班同学也大度地表示没什么，还检讨了刚才在操场上是他们先不够冷静，想动手打架。两个班的"邦交"完全恢复了正常。

第二天，班长领回了亚军的奖状，贴在了教室最醒目的位置。

10. 承包卫生一个月

早上在校门口，我看到一名学生把刚才吃早点用过的塑料袋扔进了路边的垃圾桶，正要迈步走，又回身捡起了垃圾桶旁边的纸片扔了进去。我微笑着点了点头，发现竟是我班的李岳！李岳看到我，不好意思地一笑，说了一句"老师早！"就跑了。前不久，李岳因乱扔纸屑受到德育处老师的批评，他竟狡辩说扔纸屑是他有爱心的体现，不然清洁工都该失业了。如今，他的变化令人欣慰。

中午，我在校门口碰到刘立荣的妈妈给他送饭，就和刘妈妈聊了几句。刘妈妈下岗后在一个单位当清洁工，一到冬天手就变得红肿粗糙。上个周日，她生平第一次收到了儿子用自己挣的钱买的一支护手霜。刘妈妈幸福的表情也感染了我。

最近一次周记中，李红梅打算每周少问家里要 5 元零花钱；张莉莉觉得自己挣 20 元钱非常艰难，该计划好怎么花这 20 元钱……

这一切其实都源于我们班承包了一个月卫生！

我们这栋教学楼的清洁工上个月请假了，学校找人临时替代，一时半会儿没有合适的。我灵机一动——我们班能不能承包一个月呢？我在班上说了我的想法，征求大家的意见。教室里一下炸开了锅。吵吵嚷嚷了一阵后，我向大家分析这件事的可行性：这栋楼一共四层，每层 5 个教室，两个楼梯；早上扫一遍，拖一遍，擦擦窗台和楼梯护栏，其余时间注意保洁就行；劳动量不大，我们还是集团作战，有 50 个人呢。我问大家愿不愿意试试。

大家个个摩拳擦掌，说反正就一个月，怎么也能坚持下去，权当勤工俭学了。我去找总务处申请，学校领导认为，在不影响学习和保证质量的前提下可以一试。领了清洁工具，我们班就正式上岗了。

第一天，总是卡着点来校的刘亮赶到时大家差不多都干完了，他搔搔头皮，有点不好意思，赶紧倒了垃圾。第二天他又来晚了，跑得气喘吁吁的，再加上有点惭愧，所以满脸通红。不过，后来他再也没有迟到过。

第二周，轮到娇滴滴的李璐璐擦栏杆，她的手冻得通红。她妈妈给我打电话，心疼地想让她退出。我征求她的意见，她坚决地摇了摇头。

第三周，李岳那一组负责保洁。大课间的时候，他们要去每个楼层转转。如果有同学随手扔了垃圾，他们会捡起来，客气地请同学珍惜别人的劳动成果。

……

刚开始，他们要比平时早到半个小时；一周后，他们提高了效率，把到校时间提前了20分钟；到了第三周，他们只要比平时早到一刻钟就可以了。

一个月后，我从总务处领回了1000元，特意换成零钞，50人每人20元。我打印了工资单，郑重其事地发给他们。他们严肃地在工资单上签上姓名，生平第一次领到了自己的劳动报酬。

后来，就发生了文章前面所写的那些事。

11. 美丽的误会

光洁的额头，高高束起的马尾辫，白色短袖 T 恤，蓝色牛仔裤，脚上一双帆布鞋：青春，阳光，靓丽。站在我面前的这个亭亭玉立的百合花一样的女孩就是"高雅"。

原班主任要休产假，我就中途接了这个班。交接工作时，原班主任特意提醒我注意一个叫高雅的女生。

"高雅别的倒还好，就是那副打扮让人受不了：头发松松垮垮地绾在脑后——看似随便，实则刻意；额头留一圈齐齐的刘海，两鬓垂下长长的两绺；睫毛又长又弯，应该刷过睫毛膏；眼睛一眨，明显打过眼影；上衣轻、薄、透，领子很低；裤子是大街上流行的半截紧身打底裤，脚下踩一双粉嫩粉嫩的凉鞋。为了改变她这副打扮，我好话歹话都说尽了，但根本没用！以后就看你的了。"

我一听，有点头大："你说说高雅的座位，我先关注一下她。"

周一进班后，我特意看了看第三排靠窗户坐着的"高雅"，不觉吃了一惊：这是一个很普通的学生啊，扎马尾，穿体恤，和那位班主任说的完全两样！

周三上课时，我发现黑板还没擦，"高雅"马上跑上来擦了黑板，其实她并不是值日生。我表扬了她。

第一次看周记，我发现"高雅"的文笔不错，就写了一大段鼓励、肯定的话。因为她在文中提到了周冬雨，所以我特意谈到了"清水出芙蓉，天然去雕饰"是一种更高层次的美，周冬雨清纯的形象给我留下的深刻印象，等等。虽然她的打扮不像原班主任所说的那样，但我承认我写这些话是别有用心的。

周五上午，我看到德育处反馈回来的量化表上，我们班的仪容仪表被扣了 1 分，备注里写的名字是高雅。

下午，我特意去看看"高雅"：扎马尾，穿体恤，很正常啊。倒是第三排靠墙坐着的女生打扮得有点扎眼。也许德育处老师搞错了？

第二周，好几个老师都一脸钦佩地问我怎么把高雅给改过来了。我一脸迷惑地说："从我看到她的第一眼起，她就一直是这样啊。我倒奇怪了，你们以前怎么会那么说她呢？"

正说着，"高雅"来办公室问问题，我随口说了一句："'高雅'，待会儿把作文本捎回教室。"

"高雅"说："老师，我不是高雅，我是李红玲啊。"

我一下愣住了：难道是我把李红玲当成高雅了？

再一想，我明白了：原班主任告诉我高雅座位的那天是上周五，我进班那天是第二周周一，周一要换座位，高雅换到靠墙坐了。

后来，我和高雅聊过，她说她其实也知道以前的穿着太成人化了，但老师和家长只知道指责，她就偏拧着。我接班后，她发现我没有把她打入另类，还心平气和地在周记中和她交流，班级被扣分后我也没有劈头盖脸地训她一顿，她再坚持原来的打扮就没劲了。再说，谁愿意总让别人以异样的眼光看自己呢？

这真是一次美丽的误会。

12. 我选择相信

早操前去教室巡视，只要我一到门口，总有一些同学面露惶恐之色，手忙脚乱地收起作业塞进桌斗里。不用问，准是在抄作业。其他班也存在这种现象，令人忧心。

学校规定的到校时间是早上七点四十，孩子们从七点十五开始就陆陆续续到校了，搞卫生，交作业。但总有几个学生利用这段时间，慌慌张张地抄作业。

班会上，我心平气和地让大家讨论"抄作业"这种现象。

早上刚刚被我发现抄作业的王攀峰先开了口："作业基本上都是晚上回家做的。有时碰到不会做的题，在家里又没有人可以请教，来校后时间又不允许彻底搞明白，只好先抄下来交差了事，事后再向同学请教。""为什么不等问明白了补上再交呢？"我追问了一句。"没有时间啊，课代表催得不行。早操前就那么点时间，就是想提前来校校门也开不了，各科老师都要求早操前就交上作业。""那后来真的把那些问题都搞清楚了吗？"我又追问了一句。王攀峰搔搔头皮，不好意思地说："作业交上去了，好像动力也没了。不过，对天发誓，我抄的时候真是打算下来要搞明白的。"大家笑了起来，我也笑了，为他的坦诚。"老师相信你抄的时候是想下来搞明白的。""最近奶奶住院了，爸爸出差，妈妈在医院服侍。我回家得做饭，有时还要去医院送东西，做作业的时间就没有保证了。"他补充道。

"惠奚廉，你又是什么情况呢？""我……我就是磨蹭，做作业的效率太低了。我一会儿出去喝口水，顺便瞧瞧电视，一会儿又上个厕所，一会儿我妈又给我送水果、牛奶……一下子就到了夜里十一点，眼睛都睁不开了。"

"看来，抄作业的原因主要有这么几个，"我总结道，"一是不会做，二是家里或自己有事耽误了，三是自律能力太差。大家说说对策吧。"

"抄作业肯定不对。对那些懒惰的、自律能力差的，应督促其拿出整改措施；有事耽误的，属于特殊情况，可以不予追究。"惠奚廉赶紧表态："我争取以后按时完成作业。今天回家我就和我妈商量，请她监督，提高效率。"

"好，老师相信你，我也会给你妈妈打电话沟通的。"我接了一句。

"谁都有可能碰到不会做的题，我想能不能和老师商量一下，允许这些同学晚点交，时间可以截至下午上课前。这样既不会影响上午上课，又能借中午这段时间向别人请教，补上作业。"这是学习委员的建议。

底下嚷嚷起来："是的，是的。稍稍通融一下，谁还会再抄作业呢?"

我想了想，觉得可行，点了点头说："我相信大家。我们先拿数学作业做个试点，看看效果。效果好了就推广，不好就及时终止。大家看怎么样?"

"行!"

"那好，我负责和数学老师沟通，明天给大家答复。"

后来，数学采取了弹性交作业的方法；两周后的月考，数学成绩略有上升；再后来，这种方法在我们班推广到了所有学科。

从此，抄作业现象在我们班基本绝迹。

13. 夸夸我们班

为了激励学生，我经常在班上说人家七班（一个文科重点班）如何如何厉害，我们班如何如何不行，和七班的差距太大了，要努力啊。

结果，今天早读我一进教室，一个女生就高高举起胳膊。我以为她有问题，就走了过去，没想到她说："昨天我和七班一个同学一起回家，我问她他们课文背到哪儿了，她说正背李白的《梦游天姥吟留别》。我当时就'切'了一声：这篇我们早背过了，现在我们背的是屈原的《湘夫人》。那个同学一听，立马'石化'了。"

《梦游天姥吟留别》早背过了，这倒没有夸大；至于《湘夫人》，很明显夸大其词了。老实说，《湘夫人》不好背，我只要求学生背诵其中一些名句就行了，不排除有个别学生能背下全诗，但数量一定非常有限。为了盖过人家七班，我们班同学的自尊心强烈得有点过分了。

不过，在不丧失原则的前提下，让每个同学以身为一班的一员而自豪，让其他班的同学为没能被分到一班感到遗憾，那么我们这个班级的凝聚力就增强了。凝聚力就增强了，对孩子们的学习、生活当然是有百利而无一害啊。

怎么才能让大家感受到我们这个班的优势、长处，让每个同学都能以身为本班的一员而骄傲、自豪呢？那就开一次班会，主题就是"夸夸我们班"。

"我们班有最博学的刘思颖，次次都考年级第一，看的书那叫一个多，即使文科班也无人能比。"底下纷纷点头。

"我们班有幽默的'二哥'（一位同学的外号），他们绝对没有。"

"'二哥'怎么幽默了？我怎么没看出来？"这个"二哥"在我眼里正儿八经的，一点也不搞笑，我忍不住问道。

"一天自习课上，我和同桌正看一本有趣的书，被'二哥'一把夺去了，自己独享。我俩正看到关键的地方，苦苦哀求。'二哥'说：'你们俩娃要好好学习，不能因为一本书，就毁了你们的美好前程。再说，你们俩娃那么不长眼，万一被老师收了去，这么好的一本书，还不给糟蹋了呀？'我俩看着'二哥'哈哈地笑了起来。"底下的笑声响成了一片。我点点头:"这个'二哥',别的班还真没有。"

大家发言踊跃,很多同学都因独具特点被大家提了出来。

"咱们班的同学聪明。每次比赛咱们班都不是仅凭实力取胜,还靠智慧。"我略一回想,忍不住点了点头。

"咱们班的同学好学。几乎每个老师都说过,只要是在咱们班上课,下课基本就没按时离开过,总是被大家重重包围着问这问那,经常是上课铃响了才能离开。"

"咱们班教室最干净、最整洁,进来就感到舒心,是个学习的好地方。"

"咱们班成绩好的同学不自私,任何时候问问题都热心解答。"

……

大家说到的,我有的知道,有的不知道。听后,我都为自己能当这个班的班主任而感到自豪。

"咱们班的科任老师差不多都是学校的骨干,教学认真负责。"

"最最关键的一点是,咱们班成绩好,每次考试都是年级第一。"

"这一点没什么值得炫耀的,当初分班本来就是按成绩分的嘛。"

我插了一句:"上次月考咱们总分第一是不假,可我记得英语好像比七班低了0.8个百分点啊。"底下一下子静了下来。

"七班女生多,女生学英语天生有优势,咱们班男生占大多数啊。"有人小声为大家辩解。"不如人家就痛快承认,别找客观原因了。"

"有没有决心下一次超过去?"

"有!"

这个"有"字可是异口同声吼出来的。

14. 我们班的互联网时代

　　语文课上学习苏轼的《文与可画筼筜谷偃竹记》。当担任范读的王艺洁念到"……与可之教予（yú）如此。予（yú）不能然也"时，黄良航在底下小声嘟囔："念错了，念错了，应该读'yǔ'。"我问他："读三声有根据吗?"黄良航站起来说："当然有根据了。'给予（yǔ）'是一个很熟悉的词，念的就是三声。"他说得理直气壮。王艺洁不自信地说："那也许是个多音字呢。"我问王艺洁："你有根据吗? 查过字典吗?"王艺洁摇了摇头，准备"缴械"了。"哪位同学能确定? 谁查过字典?"我问道。

　　在大家争论时一直低着头的夏耘举手了。"老师，读二声是对的，这还真是个多音字。念二声是'我'的意思，念三声是'给'的意思。"夏耘肯定地说。"你这么清楚? 预习时查过字典吗?"我高兴地问道。"没有。我刚刚百度了一下。"夏耘的声音低了下去。

　　不用说，夏耘是用手机上的网。大家看看我，又看看夏耘，大概都以为夏耘少不了要挨一顿批了，没准儿手机也会被我没收，接下来就是请家长。

　　"以前遇到疑惑我们要查阅工具书，现在除了工具书，强大的互联网几乎无所不能。互联网这个老师要比我们身边任何一个老师全面得多。上课查查字典无可厚非，刚才夏耘上网百度就相当于查字典，值得表扬。"同学们惊讶地面面相觑，不相信这话是从我的嘴里说出的。

　　曾经，我对中学生带手机上学深恶痛绝。学生用手机，不仅玩智能游戏，沉溺其中无心学习，还有的上课时在抽屉里偷着玩，最可气的是考试时上网查答案，或者群发答案……"是可忍，孰不可忍!"我觉得学生上学带手机简直就是有百害而无一利。

　　为此，我在家长会上给家长提过要求，对学生的要求就更严格了。只要看到学生玩手机就没收，接着是找家长谈话，还给家长。让我生气的是，有时我刚刚还给家长，第二天学生就又带着来上学了。

　　然而，最近发生的一件事让我彻底改变了想法。

前几天，放学都半个小时了，儿子还没回家，这在过去从来没有过。我在家里坐卧不宁，既担心又生气，打算等儿子回家后，狠狠地收拾他一顿，谁让他不知道体谅父母！可是，随着时间一点一点地流逝，我只剩下担心了。一个小时过去了，会不会出什么事了？如果儿子带着手机就好了，一个电话，情况就清楚了。那个时候我真是后悔没有像其他家长那样给儿子配上手机。与其在家里提心吊胆，还不如干脆出门顺着学校方向去找儿子。远远看到儿子正大步流星地往回走，我一颗心才放了下来。原来儿子的一个好朋友下午踢球时扭了脚，儿子送朋友回家耽误了时间。

第二天，我就给儿子买了部手机。我终于理解家长给孩子买手机的心理了。是的，跟孩子的安全比起来，其他都是次要的。

既然"堵"是行不通的，那就改变方式，变"堵"为"疏"吧。

在接下来的课程中，在交流、分享关于苏轼的背景知识时，孙涛提到了"乌台诗案"，但没有同学能真正说清楚。我说那就百度一下吧。大家都兴奋地拿出手机，第一次在上课时光明正大地把手机放到桌面上上网。效果令我很满意，学生自己查阅知识自然比听我讲一遍深刻得多。

自从我的课堂上允许学生把互联网当成工具利用之后，学生学习的积极性、主动性都大大增强了，尤其是对那些成绩中等及偏下的同学，效果更是明显；还有一个发现让我更高兴，以前上课时有人偷偷玩游戏或者做其他与学习无关的事情，现在这种现象比以前少多了。

每个人的身边不会永远有一个可以供自己随时请教的老师，即使有，这个老师也做不到无所不知。教会学生自己学习，遇到问题知道如何去寻找答案，这不正是我们梦寐以求的目标吗？与时俱进，变害为利，这种尝试未尝不是一个好的开始。

我们班的互联网时代真正到来了。

15. 最后一次队列比赛

运动会马上就要开幕了。

按照惯例，开幕式上要进行队列比赛。我们高三（1）班憋着一股劲要拿第一——我们也有这种底气，高一、高二时我们都是第一。

为了确保万无一失，体育委员继续采取全班训练、优胜劣汰的老方法。训练了几次后，体育委员兴冲冲地跑来告诉我，人选好了，全是精兵强将，绝对是他们高中运动会生涯中一个漂亮的句号。我冲他竖起大拇指，又做了一个"V"字手势，表示完全相信。

体育委员走后不久，小胖来找我，他吭吭哧哧了半天，我才明白原来他很想参加队列比赛。高一、高二他没参加过，这次再不参加，他高中三年这一项就是空白了。"小胖"是他的外号，他体形矮胖，整天乐呵呵的，很高兴大家叫他小胖。

小胖不只是身材问题，他最大的问题是一走正步就顺拐。高一军训时，教官想尽了一切办法，但还是拿他的顺拐没辙。

我稍一犹豫，拍了拍小胖的肩膀："等我消息吧。"小胖迟疑着，转身走了。走到办公室门口，他又回头对我说："大李也想参加。"

大李倒是不顺拐，但他的个头太高，跟大家站在一起，足足高出半头。为了让队形整齐，他也被淘汰了。

我找来体育委员了解情况。学校要求组成 6×6 方阵，他就按要求挑选了 36 个同学，高低胖瘦都差不多，正步也走得标准。

我问他："咱班能不能组成 7×7 方阵？咱们一共有 52 个同学，49 人走方阵，一人打引导牌，两人在后边护牌，全班都上怎么样？"

体育委员一脸惊讶："别的先不说，小胖的顺拐怎么办？"

"再训练一下吧。最后一次了，让全班同学都能体会参与的快乐可能比拿第一更有意义。"

体育委员被我说服了，他又帮我做通了全班同学的工作。几天后，全班都上的队列比赛队伍，史无前例地出现在操场上。操场上顿时响起了笑声。

这支看起来不够整齐的队列，也许真的有点可笑。尤其是当同学们踢着正步走过主席台时，站在队列中间的小胖，还是极其认真地顺拐着。操场上的笑声更响了。

当"山中猛虎，水中蛟龙，高三（1）班，谁与争锋！一二三四——"的口号声震天响起时，全场震撼了，一阵热烈的掌声响了起来。

那次，我们没有拿到第一，但学校为我们班的表现专门设立了一个最佳风貌奖。后来，很多同学都在周记中记下了这次比赛。小胖的周记最后写的是："谢谢高三（1）班，谢谢班头，谢谢同学们。因为你们，我高中三年将会少一份遗憾，多一份美好的回忆。"

花季雨季

——早恋，成长中的朦胧情感

16. 所谓早恋

王静怡喜欢上刘海涛了。

王静怡这个女孩，外向开朗，心里藏不住事，所有的心事都写在脸上。这不，她竟忍不住在周记里写道：

> 超级喜欢韩星裴勇俊。我是从看《冬季恋歌》时喜欢上他的，从此成为他的铁杆粉丝。不知大家有没有发现，咱们班的刘海涛越来越像裴勇俊了。我是从他今年冬天戴上围巾后发现这个惊天大秘密的！身边就有一个超级偶像的替身，我感到万分幸福，所以总忍不住把目光定格在他身上。

我恰好也看过《冬季恋歌》。看到王静怡写下的内容，我仔细一想：还别说，戴上围巾的刘海涛还真和裴勇俊有那么几分相像呢。我心里释然：女孩追星再正常不过了，再说喜欢的还只是个"替身"。

果然，没多久，王静怡就"移情别恋"了，原因据说是这样的：刘海涛徒具裴勇俊的外形，裴勇俊拥有兰花般的清雅飘逸、高贵、理性的气质，而刘海涛连万分之一的皮毛都不具备，太让人失望了。我不觉点了点头。不错，这正是王静怡的做派。

"移情别恋"的王静怡又"看上"黄一刚了。黄一刚是个篮球迷，说起NBA来头头是道，还身体力行，也是校篮球队里的佼佼者。黄一刚在球场上的英姿，的确能吸引很多人的目光，尤其是女孩子。

可是，过了不久，有一次王静怡和我聊天时竟说：黄一刚是个粗陋、恶心的人，她一看见黄一刚就有点反胃。至于吗？黄一刚没有她说的那么不堪啊。

王静怡解释道："上次和英才中学打比赛时，我去观战，其实主要是去看黄一刚的表演。他一个漂亮的远投，得了三分，大家给了他一阵热烈的掌声。可是，他转身往中场跑的时候，竟然脑袋一偏在场地上吐了一口痰！我当时就扭头回了教室，从此看见他就觉得恶心！"我忍不住笑了，这个王静怡真是个完美主义者。

　　接着，王静怡又明目张胆地"追"着班里的陈凯。这个男孩能写一手好字，能画看起来相当了得的国画，成绩也好，但一点也不张扬，很内秀。

　　课间，王静怡凑到陈凯身边，拿着纸笔，虚心向陈凯请教几个字的写法，说她怎么写怎么别扭，看起来一点都不顺眼，更谈不上美感了，请他指教一二。陈凯写了几个，还耐心地说了说这几个字的间架结构怎么调整一下看起来就舒服多了。王静怡如获至宝，捧着陈凯的"墨宝"回自己的座位练习去了。这就是王静怡。只是不知道她这次会不会长性一点。

　　还没过多久，我发现王静怡开始迷上音乐，要学习五线谱了。这次喜欢上谁了？那个陈凯又怎么了？

　　还没等我问，王静怡就向我坦白了。有一天她向陈凯请教书法，陈凯一张口，他的牙齿上竟然粘着一丝青菜叶子！结果，陈凯就因为这丝青菜叶子"悲剧"了。

　　学生时代所谓的早恋，也许很多都是王静怡这样盲目的、短暂的喜欢，什么危害也没有，当然更不用上纲上线。老师和家长没有必要如临大敌，尽可一笑了之，让它自生自灭吧！

17. 女孩，你要走出来

下午上课前，班里几个男生在篮球场上打球。场外站着一个女生，怀里抱着一件羽绒服，手上还捧着一个沉甸甸的大号保温杯。我站在教学楼的楼道里，隔着玻璃窗看着操场上的这一幕。

大冬天的，其他女生都在教室里要么学习，要么休息。这个站在操场上抱着衣服的女生名叫李夏，她抱着场上一个名叫张晓的男生的衣服。

这时，预习铃响了。男生停止打球，除了张晓，其他男生都从篮球架的横梁上取下外套；李夏赶紧跑上前，殷勤地把羽绒服递给张晓。张晓大大咧咧地接过羽绒服搭在肩上，看都不看李夏一眼，继续扭头和一个男生说着什么。李夏又转到张晓的对面，把水杯递过去。张晓粗暴地伸手一挥，并没去接水杯。几个男生边说边往教学楼走来，李夏捧着水杯跟在后边。看着那个跟在后边、可怜兮兮的李夏，我怜惜又无奈地摇摇头。

这个李夏，一厢情愿地喜欢上了张晓，并不遮不掩地向全世界宣告了她的这份喜欢。早上一到校，李夏就把买好的早点送到张晓面前，而且早点还是变着花样的；下了课，李夏第一时间拿起张晓课桌上的水杯，去开水房为他接水；课间，李夏经常从书包里掏出一袋小食品放到张晓的桌上……上课铃响了，老师都站到门口了，李夏才匆匆忙忙地从张晓旁边往自己的座位跑。

而张晓，经常对站在旁边的李夏视而不见、听而不闻，要么自己赶作业，要么和同学聊天；对于李夏递到手中的食品和饮料，他经常不耐烦地说："不要不要，烦不烦啊？"而李夏依然痴痴地看着他，即使他不接，李夏也会把东西硬塞进他的桌斗里。放了学，李夏会过去帮张晓收拾书包，等着张晓一起走，虽然出了校门就得一个向南一个向北。就这么一段路，李夏还会替张晓背着沉甸甸的书包。

总之，李夏就是一株向日葵，而张晓就是太阳，李夏总是痴痴地围绕着张晓转。转着转着，李夏的成绩越来越低，张晓的眼睛更是长到了脑门上。

李夏的状态让我着急。我先找张晓谈，他说他也烦着呢，李夏总纠缠着他，他多么难听的话都说过了，没用。我知道问题出在李夏身上，就多次找她交谈，也没用。她说她愿意为张晓付出，不在乎他的态度。她的父母气得都在我面前流泪了，说权当没生下这么一个不省心的女儿。当然这只是气话，我们还在做着努力。

李夏喜欢诗词，无奈之下我打算从这个渠道再试试。我送给李夏一张纸，上边打印着《金石录后序》中李清照和赵明诚"斗茶"的文字：

> 余性偶强记，每饭罢，坐归来堂烹茶，指堆积书史，言某事在某书某卷第几叶第几行，以中否角胜负，为饮茶先后。中即举杯大笑，至茶倾覆怀中，反不得饮而起。

（李清照《金石录后序》）

为了引起她的注意，我把《致橡树》中以下句子加粗：

> 我必须是你近旁的一株木棉，
> 作为树的形象和你站在一起。
> ……
> 我们分担寒潮、风雷、霹雳；
> 我们共享雾霭、流岚、虹霓。
> 仿佛永远分离，
> 却又终身相依。
> 这才是伟大的爱情，
> 坚贞就在这里：
> 爱——
> 不仅爱你伟岸的身躯，
> 也爱你坚持的位置，足下的土地。

两天后，李夏给我写了一封信，说她明白我的用意，李清照和赵明诚的夫妻生活让她羡慕，"木棉"和"橡树"的爱情也让她向往。但她觉得，真正爱一个人，就应该做到像张爱玲所说的"遇见你我变得很低很低，一直低到尘埃里去，但我的心是欢喜的。并且在那里开出一朵花来"。她不在乎张晓对她的态度，她相信爱就是付出。

我叹了口气，这真是一个痴情的小女生。可她不明白，她越是这样，张晓就离她越远。我继续用文字和她交流：

有一次，梁思成外出考察，金岳霖向林徽因表达了爱慕之情。梁思成回来后，林徽因痛苦地对梁思成说："我苦恼极了，因为我同时爱上了两个人，不知道怎么办才好。"梁思成终夜苦思，反复问自己："徽因到底和谁在一起会比较幸福？"他觉得自己比不上金岳霖。第二天一早，他眼圈发黑，决定把选择权交给妻子，他说："你是自由的，如果你挑选金岳霖，我将祝你们永远幸福！"林徽因把这话传给金岳霖听，金岳霖听后说："看来思成是真正爱你的，我不能去伤害一个真正爱你的人。我应该退出。"从此，三人终生为友。金岳霖一直跟着梁思成、林徽因做邻居。

　　这就是那个时代的爱情！这种爱情，绝不会像藤条死死缠着树干，绝不让所爱的人觉得烦恼；这种爱情，绝不强迫所爱的人接受自己的爱，却给了对方足够的空间，让他选择……

　　真正的爱，就是让你爱的人幸福！

李夏很久都没有给我回复。我继续关注着她，眼睁睁地看着她情绪低落却无能为力。还好，李夏开始慢慢地和张晓保持必要的距离了。孩子，你要自己从中走出来，别人的帮助没办法从根本上解决你全部的问题。

花季雨季——早恋，成长中的朦胧情感

18. 心灵远比外表重要

　　最近，李强着实有点反常。虽然成绩一般，但是李强平时还是挺稳重的。可上周，他在左手无名指上套上了一个硕大的"戒指"——说是戒指，其实就是在路边小摊上买的一个白色的圆环。见我盯着他的左手看，他不好意思地把手藏在了桌斗里。

　　我和他开玩笑："嗬，无名指戴上戒指了？据我所知，国际上流行的戴法是：食指——想结婚，表示未婚；中指——已经在恋爱中；无名指——表示已经订婚或结婚；小指——表示独身。请问李强同学，你属于哪一种呢？"

　　李强的眼睛向左边瞟了一下，脸红了，不好意思地解释道："戴着玩玩。"我看看左边，发现罗佳茜撇了撇嘴角。我对李强说："《中学生守则》规定中学生不能戴首饰，再说戴错了还会惹笑话的。"他连连点头。

　　戒指倒是摘掉了，可是李强又改发型了，他这两天的发型太有个性了。他的头发湿漉漉的，不知抹了多少啫喱膏，且根根向上竖起，看起来一副"怒发冲冠"的样子。这个发型，为他赢来了不低的回头率呢。不过，这回头率里的复杂含义，不知道他能明白几分。

　　课堂上，李强竟掏出一把小梳子，对着一面小镜子，有时打理他的个性发型，有时对付他额头上的青春痘。课堂上，他的视线动不动就瞟到罗佳茜那里。

　　今早，李强从我旁边经过，竟飘来一股刺鼻的香味——廉价香水的味道。课间，就有同学来告状，说李强身上的味道熏得他头晕。

　　李强到底怎么啦？难道……

　　课间，我被几个问问题的学生围在了门口，意外发现不是值日生的李强却冲上了讲台，又是擦黑板又是抹讲桌，罗佳茜却上来夺过板擦，不客气地说："今天我值日，我自个儿会擦，不劳您大驾了。"李强尴尬地"石化"在了讲台上。

　　我心里为李强打抱不平，觉得罗佳茜这么做太过分了。这时却听到底下有人起哄："呵呵，骚情未遂啊。"

　　罗佳茜瞪了底下一眼，又没好气地瞪着李强；李强尴尬地搓着手，脸涨得通红，眼睛躲躲闪闪，不敢直视罗佳茜。

果然如此！

罗佳茜是一个很有主见的女孩，目标明确，学习刻苦，一门心思奔着医科大学而去，她说做医生是她今生唯一的选择。李强喜欢罗佳茜，看来是一厢情愿了。为了引起罗佳茜的注意，他做出的种种努力，只能让罗佳茜越来越讨厌他。

我需要找个机会让李强明白这一点。放学后，我在传达室漫不经心地翻着报纸，眼睛却看着大门口。李强出来了，我赶紧走出传达室，装着恰巧碰上他的样子。李强家和我家一个方向，但我家比他家远，我选择步行，是想利用这个时间和他聊聊。

"李强，鲁迅在你心中是个什么形象？"

"鲁迅？很伟大啊。咱们不是学过他很多文章吗？"

"对。你猜猜他有多高？"

"猜不出来。我觉得总得接近一米八了吧？"

"老师也这么觉得。他在老师心中非常高大，可以说是老师的偶像。不过，鲁迅的身高只有一米五八。"

李强惊讶地问："不会吧？这么矮？"

"老师就一米五八，在女性中算是比较矮的了。可是，我们提到鲁迅，都觉得他很高大，这个印象其实是来自他的作品和他伟大的人格。一个人的内在品质会影响到别人对他外在形象的感觉。"

李强有了新发现："邓小平好像才一米五二。"

"是啊，但提起邓小平，谁敢不承认他是历史伟人呢？"

"你看咱们刚才聊到的鲁迅、邓小平，他们的长相都挺一般，但其内在的品质完全弥补了外表的不足。这个名单咱们还可以无限地往下续，比如陈佩斯、葛优，人家在演艺圈的成功凭的也绝不是外表。"

说到这里，我偏过头看看李强，他也正扭过头来看我。他的眼神惶惶地躲开了，他下意识地用手摸摸自己"怒发冲冠"式发型。

"外表真的不像想象的那么重要。刚见面时，也许还会对一个人长得漂亮不漂亮有感觉，但时间长了，一个人到底怎么样，就是内在品质在起作用了。对男人来说，长相就更次要了。如果你的内心越来越丰富，越来越厚重，就没有人敢轻视你，当然也包括女生。就算她不喜欢你，她也不敢轻视你。你明白老师的意思吗？"

"我回家再想想吧。"

"好！到你家了。明天见。"我挥手和他再见。

19. "你要加油哦"

放学后，我正在办公室收拾东西准备回家，外边有人打报告，进来的是周东。他皱着眉头，愁肠百结却又一言难尽的样子，让我看着都替他难受。我放下手里的东西，问他有什么事，他犹犹豫豫地说："老师，我想找您谈谈。"我指指对面的椅子示意他坐下，我也坐了下来："那谈谈吧。"

他半边屁股小心翼翼地坐在椅子上，吭吭哧哧了半天，欲言又止。我坐在他对面，耐心地等待着。过了好一会儿，他才晃晃脑袋，一副豁出去的模样，抬头直视着我说道："我喜欢上咱们班的张曼了。"

我心里一惊：刚刚处理了一对的早恋问题，怎么又冒出了一对？而且还是当事人直截了当地告诉我的！在这之前，我没有发现一点蛛丝马迹。

我想先打个马虎眼糊弄过去，就说道："我也喜欢张曼啊。张曼学习好，守纪律，对班上的事情也很热心，又文静又善良，长得又甜，不只我喜欢她，其他老师也都喜欢她。她人缘看起来很好啊，我猜同学们也都喜欢她。"周东直接否定了我的说法："我说的喜欢不是你说的喜欢。"我不得不正视这个问题了："你想和我谈谈，就是为了告诉我这个吗？"

周东一脸苦恼地说："两周了，我干啥都没心情。看书时，老发呆，书上的字看不进去，连同桌都看出来我半天翻不过一页；上课时，只看见老师的嘴巴一张一合的，讲的啥却都听不进去；晚上躺在床上，眼睛都累得睁不开了，张曼的影子还是在脑子里晃来晃去……这样下去，我都不敢想会怎么样，起码大学是没指望了。我不敢跟爸妈说，怕他们骂我；我也不敢跟好朋友说，怕他们嘲笑我'癞蛤蟆想吃天鹅肉'。所以我就来找您了。老师，您会不会在心里骂我没出息？会不会觉得我没资格喜欢张曼？"

我边想边说："谢谢你这么信任老师。我觉得十七八岁的年纪，喜欢上一个人再正常不过了。再说张曼真的是个很讨人喜欢的女孩，我觉得你喜欢上她很正常啊。我怎么会觉得你没出息、没资格呢？"

周东不自信地说："就是因为张曼太好了，我才觉得配不上她。我各方面都平平常常的，成绩没她好，长得也一般，我担心她看不上我。我是不是真的配不上她啊？"

原来周东是担心这个。我说："你没有必要自轻自贱啊。老师眼里的你长得敦敦实实的，像个男子汉的样子；至于成绩，是可以改变的，努力一把不就提高了吗？你应该还没对张曼表白吧？"周东连连摇头："没有没有，我哪敢啊？我怕她拒绝我。一想到她也许会拒绝我，我觉得活着都没啥意思了。"

"你这话可言过其实了，遇到一点事就死啊活的，哪像个能担当的男子汉？不过我觉得你没表白就对了，打铁还得自身硬，既然知道自己还有不足，那就提升之后再表白，成功率也高啊。你说是不是？"周东的眼睛一下子亮了，迫不及待地问我："那我应该怎么做？"我说："老师先告诉你个秘密，张曼的偶像是张锦秋，她的理想是成为像张锦秋那样优秀的建筑师。这是我从她的周记里得知的。"

周东一脸茫然："张锦秋？张锦秋是谁？""张锦秋是一位优秀的建筑师。咱们西安人都熟悉的陕西历史博物馆、大唐芙蓉园、长安塔……都是张锦秋的作品。"

周东的眼睛瞪大了。我继续说道："据我所知，女性做建筑师的不太多，出色的自然就更少了。张曼的志向很高，名校的建筑系录取分数都挺高，她那么努力，就是为了实现理想。"周东专注地听着。"女孩一般都喜欢比她优秀的男生。当然了，我不是说成绩好就是优秀的唯一标准，不过你现在就是个学生，只有校园这么一个小小的舞台供你施展，那么成绩还真的是重中之重。所以，你的当务之急就是把成绩提上去。"

周东连连点头。我帮他分析："如果你还维持现状，我觉得你被拒绝的可能性很大。不急于表白也是一个人成熟的表现，这既是对自己负责，也是对张曼负责。如果你扰乱了她的心，影响了她的成绩，导致她实现不了人生目标，她一定会埋怨你的。就算你们以后能在一起，如果她感到不幸福，你岂能感到幸福？"

周东表态道："我知道该怎么做了。我从现在开始就调整自己，努力学习，缩短和张曼的差距。等条件成熟后，我再考虑向她表白。"我点点头，肯定他的想法："这就对了。如果再遇到什么困惑，欢迎随时和老师沟通。你要加油哦！""我知道了。老师，谢谢您！"

至于周东到底会怎么样，我还需拭目以待。

20. 让你的天空更广阔

正在月考。学生的书包、与考试无关的东西，都放在了后边的桌子上。我看到有个本子掉在地上，就走过去准备捡起来。弯下腰的那一瞬间，我瞥见张开的那一页中间写了一行醒目的大字：烂英想吃天马肉。在合上本子的那一刻，我才发现在"烂英想吃天马肉"的四周，密密麻麻写满了小字号的"烂英想吃天马肉"，大大小小的"烂英想吃天马肉"挤满了一张纸！

我反应过来这是谁的本子了。这是班上一个叫蓝英的女生的本子，她不惜自贬为"烂英"，被她奉为"天马"的是班上一个叫马天宇的男生。也就是说，蓝英爱上马天宇了，而且觉得是高攀，担心攀不上。

孩子的世界有时让大人感到莫名其妙。就说这个蓝英吧，学习不错，年级排名靠前，乖巧懂事，长得也亭亭玉立，是家长眼中的乖乖女，老师、同学心目中的好学生。当然，好学生也会早恋的，但是让人想不到的是她竟然会喜欢上马天宇！

马天宇有点胖，走起路来缩着脖子，脚总是蹭着地，拖拖踏踏的，一点也不精神，学习成绩一般，比蓝英差了一大截。就算蓝英喜欢马天宇，也完全没有必要把自己贬成"烂英"啊，这马天宇怎么也不像个"天马"啊。到底是谁"高攀"谁呢？

最近一段时间，我看出了蓝英对马天宇有点意思，有事没事总往他身边凑。轮到马天宇值日了，蓝英帮他扫地；马天宇办板报，蓝英替他打格子、递粉笔；马天宇回答不出问题了，她用书本挡着头，扭过身子朝着他的方向，一声连一声地提醒；更过分的是，马天宇没做作业，她竟替他去做……这个女孩痴情起来真是没有理智。不知马天宇是糊涂呢，还是大智若愚，他对蓝英的态度和对班里其他女生的态度没什么差别，反正看不出来他对蓝英有意思。

我猜想这也许是青春期女孩短时间的胡思乱想，最好别提，让它自生自灭算了。如果正儿八经地找她谈话，本来还是朦朦胧胧的感觉，一下子倒挑明了，加上青春期孩子的逆反心理，没准弄巧成拙，还真把两人推到一起去了。

　　月考成绩出来了。马天宇没进没退，维持着原状，蓝英却一下子后退了二十名。看来情况比我想象的严重，不能再顺其自然了，以免蓝英的成绩继续下滑。我打算采取旁敲侧击的办法，看能不能让蓝英从中跳出来。

　　刚好班里要出一期读书心得展示，我请蓝英帮我把打印好的美术字报头剪成镂空的样式，营造一个自然谈话的氛围。

　　我和蓝英一人一把剪刀剪着字，同时闲聊着。蓝英的眼睛总是往我办公桌上的几张照片上瞟，我大方地说："看看吧，这是老师过去的几张毕业照。昨天接到一个小学同学的电话，忍不住翻出这些照片来怀怀旧。"其实这是我为了和蓝英谈话刻意找出来、又装作漫不经心地随意放在桌子上的。

　　我指着其中一张热心地向她介绍："这是老师小学毕业时的照片，你能找出哪个是老师吗？"蓝英用手指点着，一个一个仔细地看过去，最后无奈地摇摇头。我指着前排中间一个蹲着、扎着冲天辫、苦巴巴紧皱眉头的小女孩说："就是这个。"蓝英吃惊地看看照片，又抬头看看我，终于憋不住大笑起来。我也忍不住笑了起来。

　　我又指着第三排一个男孩说："当年我一厢情愿地喜欢上了这个男孩，还没来得及告诉他，我们就要分开了，一想到这里，我就忍不住想哭。照相的时候我正难过着呢。上了初中，我才发现比他优秀的男生一大把一大把的，我为自己当初看人的眼光感到难堪。小学毕业后没两年，就再也没有他的消息了。要不是看到这张照片，我差点儿都想不起还有这个人了。"

　　我拿起第二张照片："这是初中毕业照。这个男生是我们班班长，学习不错；我是学习委员，成绩比他好。其他同学经常拿我们两个开玩笑，慢慢地我对他好像也有了点感觉。放眼当时我们年级，男生中也就他最出色了，我觉得将来就找他吧。结果上了高中才发现，他实在太普通了。现在，他已经成了一个大腹便便的中年男子，看到他只觉喜感十足，此外就再也没有其他感觉了。"

　　接着我又拿起一张："高中时这个男生篮球打得好，我就暗恋上了他。上了大学后，我才发现篮球比他打得好的多了去了。

　　"回头一看一想，感慨多多啊。每个阶段我们接触的人不同，感觉当然也不同。小时候的变数太大了，不适宜涉足那些需要长久坚守的事情。老师很庆幸当时自己也就心念一动而已，回头一看，只是小女孩的小心思罢了，完全当不得真，只感到好玩、可笑。而且，如果女生生活的圈子太小，那么判断一个人是否优秀的标准也许就很低。

　　"所以我觉得，女生一定要努力提升自己。每当你提升到一个新高度，你就有机会遇见比你更优秀的人，然后就能发现自己的不足。经过努力，你就越来越进步，接触优秀人物的机会也就越来越多，这就步入了一个良性循环。你如果在原地不动，就没有机会遇见更优秀的人，就不知道世界多么广阔，久而久之甚至会失去判断一个人是否优秀的能力。

"女生应该努力让自己的天空变得越来越广阔。心里喜欢一个人是很正常的情感，但中学时期还是一个多变的时期，所以最好等到更加成熟的时候再做决定。那时候，你见到了更多的人，有了更多的选择，如果你还是觉得他好，那就说明你们的感情基本能经受住时间的考验了。"

聪明的蓝英一定明白了我的意思。如果她能把这段感情暂时放在心底，把学习放在首位，我就算达到了目的。

21. 让你静静地哭一场

晚自习，当我巡视到玉清身边的时候，她抬起头轻声说："老师，我想去厕所。"我点点头，看着她起身走出了教室。那个背影有点落寞，和她十七岁的青春很不协调。

玉清文静内向，在班里就像个沉默的影子，总是默默地按照要求做着该做的一切，很乖，很听话，很让我省心。

我瞥了一眼挂在教室后边的钟，十分钟过去了，她还没回来。我心里打了个问号。十五分钟过去了，她还没回来。我沉不住气了。我让她的同桌去厕所看看，别是出了什么事吧。

同桌很快回来了，说没事，玉清过一会儿就会回教室。但同桌看看我，一副欲言又止的样子。我示意同桌跟我来到教室外边，不解地问："玉清到底怎么回事，上个厕所用不了这么长时间啊？"

同桌纠结了一阵，才下决心告诉我："老师，玉清喜欢上了七班一个男生，而且喜欢好一阵了。开始她只在心里暗暗喜欢，没有告诉任何人。这两天，七班一个女生整天凑在那个男生身边，好像也喜欢上了那个男生，玉清就沉不住气了。她性格内向，告诉了我，问我怎么办，我哪儿知道怎么办啊？看着她失魂落魄的样子，我只能漫无边际地安慰了她几句，让她自己拿主意。今天中午，玉清让我交给那个男生一封信，结果下午那个男生回了一封信，还是托我转交给玉清的。玉清看后挺伤心，我猜是被拒绝了。刚才我去找她，她其实没在厕所，是在厕所旁边那个小花园里哭呢。"

"我去看看她，你先回教室。"我转身就向小花园方向走去。"老师，玉清不让我跟别人说，她只告诉了我一个人……"玉清的同桌追上我说道。我明白她的意思："你放心，老师知道该怎么说。"

我放慢了脚步。是啊，本来早恋就让老师、家长不待见，更别说现在还被拒绝了，更是没面子的事；玉清又是个内向的女孩，她一定不想让别人知道这件事。那我是不是该装作不知道呢？然而作为老师，我没法放下心来，还是来到了花园边上。

小花园在实验楼的后边。这个地方平时少有人来，在喧闹的校园里算是个难得的幽静的地方。在初夏的傍晚，在上晚自习的此刻，小花园就更显得幽静了。

花园边上栽着竹子，里边有两株枝繁叶茂的红叶李，红叶李下边有两个小小的石凳。我透过竹子的缝隙，看到玉清蜷缩着坐在一个石凳上，双手捂着脸，埋着头，肩膀一抽一抽的，极力压抑着的抽泣还是断断续续地传了过来。

我该怎么安慰她呢？告诉她"天涯何处无芳草"，优秀的男孩多得是？我这是想干什么？她只是个高中生啊。那我干脆下一剂猛药让她惊醒，狠狠地批评她："谁让你早恋的？看，现在自食苦果了吧？"对这么一个文静内向的女孩子来说，这么硬的心肠真是枉为人师了。其实喜欢一个人很正常，更何况我还向她的同桌保证过不透露秘密。

我左思右想没有主意，只好站在花园外远远地看着玉清伤心地抽泣。有些伤无药可治疗，无人能安慰，只能自我疗治。玉清，老师也帮不了你，你就静静地在这个幽静的小花园里哭一场吧，让你心里的痛苦都随着眼泪流出来吧。感谢这个小小的花园，它让你躲藏了起来；也感谢笼在你头顶上的红叶李，它听着你的哭泣却不言不语。也许，这才是你此刻最需要的。

22. 我为他们的早恋开了绿灯

"张老师，你班的王丽华和钱洪亮谈恋爱了。"早上刚一到校，四班班主任就告诉了我这个消息。"怎么回事？说说看。"我问道。"昨晚下了自习，我在骑车回家的路上，看到他们俩走在一起，钱洪亮肩上背着两个书包，很明显是替王丽华背了一个。"我知道王丽华和钱洪亮住得不远，上下学都是步行，就故作轻松地说："这能说明什么问题？""他俩绝对不是普通的同学关系，信不信由你。在这个问题上，我从来没看走眼过。"四班班主任自信地说，"现在是高三了，要是真影响了学习，可别怪我没早提醒你。"

最近一段时间，我在教室里经常会看到王丽华和钱洪亮凑在一起，刚开始他们看到我还不自然地分开，后来就越来越坦然了。我观察到，他们在教室里倒没有什么特别亲昵的举动，凑在一起十之八九还真是研究问题。我虽然很担心，但又不好挑明，就装作没发现。

这俩孩子学习都挺努力的，成绩也不错，可惜都有点偏科。王丽华的物理是个老大难，怎么努力成绩都提不起来；钱洪亮恰恰相反，物理在年级出类拔萃，可惜英语底子太差。我希望他俩在高三好好拼一把，把自己的劣势科目成绩提高一些，还是很有可能考上一所不错的大学的。

我找他们俩谈过，他们都信誓旦旦地表示一定会努力，让高考不留遗憾。可是，如果他俩早恋了，又会是什么结果呢？

不过，就目前来看，他俩的成绩还没受到影响。我是继续装聋作哑下去，还是赶紧出面、防患于未然呢？如果继续装聋作哑，等影响了成绩再出面，那就晚了——高三了，时间不等人啊；如果出面干预，万一俩人只是对对方有一种朦朦胧胧的好感，经我一挑明，反倒把他们推到一起了，我这不是弄巧成拙了吗？犹豫中时间又过去了几天。在此期间，有两位科任老师跟我反映他俩上课时眉来眼去的，有点过分了，希望我管管。

看来，我再不出面就不行了。

一天，又是晚自习后，我正准备回家，见班里的灯还亮着，就拐过去看看，发现教室里只剩下了王丽华和钱洪亮，他们正头碰头说着什么。我刚要开口，王丽华竟点着钱洪亮的脑门说了一句"真聪明"，很是亲昵。我咳嗽了一声，他们赶紧抬头看我，我装作不在意的样子说："怎么还不回家啊？到点了没回家，父母该多担心啊？赶紧收拾书包回家。"他们答应着，关灯锁门，一起走了。看着他们的背影，我想不能再装聋作哑了。

第二天，我先找来王丽华，问她最近学习上感觉怎么样，她说还好，尤其是物理，好像有点开窍了。我拐弯抹角地继续说："这可真值得庆贺，不过，千万不能分心啊，影响了学习可就得不偿失了。"

王丽华说："老师，我知道您想说什么。我们清楚家长和老师都反对这样的事，但我们是真的喜欢对方，而且我们保证不会影响学习。我的物理有进步，是钱洪亮帮助的结果。老师，您没发现最近钱洪亮的英语也有起色了吗？那就是我的功劳。"

"老师相信你们在学习上互帮互助、取长补短，可是很多情况下，一开始当事人都想得挺好的，可最后……""老师的担心自然有老师的道理，但我们绝对不会重蹈他们的覆辙。"王丽华斩钉截铁地说。我暗暗叹了口气，说道："我要是要求你们暂时分开，等高考后再说，你们一定听不进去吧？"王丽华没吭声，算是默认了。"这样吧，你俩一下课就凑在一起，你们的同桌也不方便，我把你们调成前后桌，你前他后，这样互相帮助也方便些。"王丽华吃惊地看着我，有点儿不相信。

我是这样想的：一是这两孩子的自制力都比较强，也许能较好地处理恋爱和高考的关系；二是这个时候强行让他们分开，即使他们不当着你的面来往，背后还是该怎么就怎么，强制反而影响了他们的情绪；三是与其让他俩眉来眼去的，还不如让他们坐前后桌，反正他们的关系班里同学全都清楚。这样安排有两个好处：一是不方便再眉来眼去了；二是自习课上他俩要是互相帮助着学习，转过身子就很方便，不会影响周围的同学。

我的安排让好几位老师大呼意外，说我不按常规出牌，以后有我后悔的！我当然仔细考虑过了：这么安排，最坏的结果也就和强制他们分开差不多；但还有另外一种可能，就是他们也许会绝地逢生，因为爱情的力量有时是巨大的。我的理论也说服了他们的家长。

高考结果证明了我的冒险是值得的，王丽华的物理和钱洪亮的英语都考了他们历史上的最高分，双双进入理想中的一本院校。

进了大学，他俩名正言顺地成了一对情侣，当初极力反对的双方家长现在已经以亲家互称了。说起来，中间不就隔了一个暑假吗？甚至可以说，中间不就隔了一个高考吗？

教室里的风景

——兴趣，让你成为有情趣的人

23. 今天，你闻到书香了吗

课后，李岩追着我交流读书心得，说他近日在看《鬼吹灯》，精彩极了，推荐我也看看。老实说，这类图书不是我的兴趣所在。虽说开卷有益，可我还是觉得高中生看这样的书应该不是最佳选择。

那么，现在的学生除了看教辅类图书，还会看什么类型的书呢？像李岩这样的学生在我们班还有没有？我能不能引导一下他们读书的趣味呢？

在班会上，我说："今天，老师想调查一下咱们班同学的读书情况，希望大家实事求是，有什么说什么。第一个问题：你经常读课外书吗？请经常读的同学举一下手。"

有人很干脆地举起了手，表情自豪；有人犹豫了一下举起了手，不够自信；有人前后左右张望了一下，面露惭色。

"教辅书算不算？"王和磊站起来问了一句。"当然不算了。如果教辅书也算，那就不用调查了。"李岩高高举着胳膊，不屑地回答王和磊。王和磊垂头丧气地坐下了。

我点了一下人数，经常读课外书的同学不到三分之一。

"第二个问题：大家读的都是什么书？"

"武侠。""玄幻。""言情小说。""穿越小说。""历史和军事。""《读者》《意林》《青年文摘》。""漫画《老夫子》。"下边响起了一阵笑声……

我问大家："课本'名著导读'中推荐的作品看过没有？"举手的寥寥无几。

"老师，四大名著我只看过电视剧，看小说太累人了。""知道故事情节就行了，哪有时间啊？""就是有时间，我也读不下去。""还是网络小说看起来轻松、吸引人。像《鬼吹灯》，200万字啊，我看完后还觉得意犹未尽呢。"……

等大家都不说话了，我才停顿了一下说道："以前流行过这样一个段子：假如我有了钱，喝豆浆吃油条，想蘸白糖蘸白糖，想蘸红糖蘸红糖，豆浆买两碗，喝一碗倒一碗……大家听过吗？"底下纷纷点头。

"段子里的那个人没见过大世面，以为豆浆、油条就是天下最好吃的东西了，所以才会这么说。虽然搞笑，但是道理没错。老师觉得大家读书的面有点窄，如果古今中外各种文体、各种风格的作品你涉猎得多了，你就有了更多的选择，也许你的读书兴趣在其他方面呢。为什么不尝试着读读其他类型的作品呢？"下边有沉思的，也有点头的。

李岩又发言了："老师，要不你先给我们推荐几本书看看？"我想了一下，觉得不能把自己的读书趣味强加给他们，以免把他们仅有的读书热情给浇灭了，应该站在他们的角度给他们推荐适合这个年龄段阅读的作品，当阅读成了他们的一种习惯，他们的阅读面自然就会越来越宽。

我猛然想起上届学生向我推荐过的当代科幻小说家刘慈欣和他的科幻作品，于是说道："不同年龄有不同的阅读兴趣。在大家这个年龄段，我估计大多数同学会对科幻小说感兴趣，你们可以从这类作品中发现一种理性之美。我在看《超新星纪元》时，竟忍不住泪流满面，合上书后还哽咽了很久。"

"《超新星纪元》写的什么？是谁写的？"有人迫不及待地问了一句。

"它是我国当代著名的科幻小说家刘慈欣写的。他的代表作品还有《球状闪电》《三体》《三体Ⅱ：黑暗森林》等，他在光年尺度上为读者展现整个人类乃至宇宙，有种震撼心灵的美。感兴趣的同学可以去图书馆借阅。还有周国平、泰戈尔的作品，大家也可以借来看看。以后也欢迎同学们随时把自己认为好看的作品推荐给大家。

"老师总结一下：第一，对坚持课外阅读的同学提出表扬，并希望你们一直坚持下去；第二，现在学习负担重，没能坚持课外阅读也不算什么丢人的事，老师能理解；第三，人生不只有高考这一件事，所以，老师希望每个同学都能坚持阅读，让读书成为一种陪伴我们终生的习惯，让书籍成为陪伴我们终生的朋友；最后，希望每天晚上休息前，我们都能扪心自问——今天，我闻到书香了吗？"

这时，多媒体屏幕上出现了两段文字：

> 士大夫三日不读书，自觉语言无味，对镜亦面目可憎。
>
> 在书香里跳跃的人生，一定是智慧的人生；在书香里浸泽的生活，一定是美丽的生活。

24. "我们的憩园"

教室的一角，放着一个简易书架，旁边贴着几个美术字：我们的憩园。

"我们的憩园"其实就是我们班的图书角。这个名字是在全班公开征集的，是全班公认的最有文艺范儿的秦霓起的。她说这个图书角是一个能让我们的心灵得到休息的园地，所以叫"我们的憩园"。

虽然书不多，但提起"憩园"，全班都珍爱有加。"憩园"的建成，源于两个契机。

学生阅读情况调查后，我把教育部重点推荐的高中生必读书目贴在了教室后边的学习园地里，希望大家能有计划地读完这些作品。不久，陆陆续续有同学说他们没有这些书，问我从哪儿可以借到。这些书我家里都有，我乐于和学生分享我的图书，第二天，我就把书从家带到教室里，让大家传阅。但这个时候，我和孩子们还没有萌生办一个图书角的想法。

不久，学校组织了一项向贫困地区捐赠图书的活动。我从家里带了 10 本书，准备捐赠出去。那天早上，我把带来的书暂时放在办公桌上，打算上完课再交到团委。刚好课代表来交作业，她随手翻了翻桌上的书，拿着其中一本迟迟没有放下，犹犹豫豫地问我，她能不能用自己的书换这一本，用两本换一本也行。这当然没有问题，我痛快地答应了。

没想到这个法子在班里也流行开了。同学们带来捐赠的书被大家换来换去，结果捐赠的图书数量并没有减少，很多人还换到了自己喜欢阅读的图书，可谓皆大欢喜。

这个场面引发了我的思考。现在的孩子手里的课外书都不算多，有些甚至除了教辅类书籍，真正称得上课外读物的一本也没有，阅读量少得可怜。能不能把有限的资源充分利用起来呢？

想到就做。我从总务处借来一个淘汰下来的书架，擦得干干净净的，放在教室一角，让大家自愿把自己看过的图书放上去，以便让愿意看的同学借阅。除了以前带来的 20 本书，我又拿来 10 本适合中学生阅读的图书放在书架上。

一段时间后，我发现架上图书的数量似乎没有增加，一直维持在 40 本左右。说实话，我有点失望，觉得要让独生子女学会跟别人分享，还需要一个过程。

一天，我站在图书角旁边，仔细看了看那些图书，突然一阵狂喜：我发现架上的图书只有五六本是我带来的，也就是说大家贡献出来的图书起码有 30 本，这还不包括那部分被大家带回家阅读的。欣喜之余，我郑重地在全班为我们的图书角征名，于是就有了"我们的憩园"。

我没有设专人管理这些书籍，大家看到喜欢的书可以随时拿回家看，看完后再放回去就行。我想，如果哪个孩子真的喜欢其中的某本书，拿回去看完了，还舍不得放回教室，那书也算得其所了。

私下里我找了一些同学，询问他们会把自己的哪些书籍放进图书角，我发现了一个共同特点，即那些书都是他们看过且不打算再看一遍的，如果觉得非常好的书他们还是舍不得放进去的。孩子们说的时候有点忐忑，担心我批评他们自私，不愿意和大家分享，没想到我压根不在乎这些，还表扬他们是真正爱书的人，有自己的阅读趣味。

其实，我们没必要要求孩子们都是道德完人，他们能把自己的图书拿出来就很可贵了；再说，他们看过的觉得没有了保存价值的图书，也许正是其他孩子渴望看到的呢。一个人的阅读趣味难免有局限，这么多人看过的书集中在一起，有助于开阔孩子们的阅读视野，改变他们的阅读趣味。这大概就是书籍的独特之处吧。

25. 读书"后遗症"

自从孩子们得知"刘慈欣"这个名字后，班里竟迅速出现了一群科幻迷，刘慈欣和他的作品也在班里火了起来。以李岩为首的超级"磁铁"有五人，他们组成了一个小组，决心要"兴之所至，手之继之"，打算动笔写科幻小说了！

还没动笔呢，高调的李岩就把这个消息传得沸沸扬扬。有人嗤之以鼻，等着看笑话，说科幻小说是想写就能写的吗？有人提醒他们可别三分钟热度，有人期待着看他们的科幻小说……我知道后，以实际行动表示了对他们的支持，贡献给他们一个厚厚的本子，并表态一定做他们的铁杆粉丝。

李岩等人箭在弦上不得不发。经过讨论，他们确定了一个大框架，并给他们打算写的作品命名为"拯救地球"。

为了不影响功课，也为了减轻压力，他们决定采取接力形式来写，计划每天至少更新 500 字，但不能超过 1000 字，必须坚持下去，千万不能成了大家的笑话。

开头由李岩执笔。一个周末过后，李岩洋洋洒洒写了 1000 字，在班里传看了一圈，我自然也看了。李岩主要写了一个山清水秀的地方，植被茂密，空气清新，一个叫石小磊的孩子和他的家人幸福地生活在那里。我觉得文笔还算流畅。接下来的一周，难得他们能沉住气：石小磊依然天真地和小花小草谈着心，和小虫小鸟交着朋友，继续过着世外桃源般的日子。

班里同学不管开始怎么评价他们，看到人家一周下来实实在在地有了四五千字，也加入了传看的队伍中。

慢慢地，石小磊的家乡树少了，草稀了，小鸟也飞走了，还出现了沙尘暴，土地慢慢沙化了。

这叫科幻？完全是我们生活的这个世界的真实写照啊，哪有科幻的影子啊？虽然这样，但我觉得还是能看到刘慈欣的影响，大刘的《乡村教师》差不多就这个风格吧？我把疑问藏在心里，且看他们怎么继续往下写。

石小磊长得很快，离开了家乡，上了大学，他选择了农林专业。石小磊的理想是治理沙漠化，让家乡重新鸟语花香起来。

这边纸上的石小磊在如饥似渴地学习，那边几个女生不服气了，以秦霓为中心也成立了一个小组，和李岩他们打起了擂台，也开始了创作。她们的大作接地气，名字就叫"瞧瞧这个班级"，号称要把全班每个人都写进去。据说她们借鉴的是巴尔扎克的《人间喜剧》。

我饶有兴趣地关注着他们在课余时间打擂台，和其他同学一起做了他们热心的读者。早上一进教室，一群人就围着两个本子看，满意了就赞不绝口，不满意了就直接提意见，还想左右故事的发展。有人看到女生笔下的自己，觉得被丑化了，提出强烈的抗议，逼着人家按自己提供的素材重新修改。

时间一天天过去了，他们的作品一天天厚了起来。到了期末备考的时候，高一也快要结束了。因为高二就要分科了，同学们面临着文理科的选择，这意味着有些同学要离开这个班级了。李岩组有一个同学选择了学文，高二就要去文科班了，他们紧锣密鼓地写作，想有个相对完整的结局。于是，学成后的石小磊研究出了一种植物，这种植物适合在各种土质中生长，包括沙漠，而且活力无限，繁殖能力超强，最终锁住了沙漠，让绿色重新覆盖了地球。虽然结局有点仓促，但境界提升后的石小磊还是完成了拯救地球的重任。

完成了《拯救地球》的李岩，重新确定了自己的人生理想：以刘慈欣为榜样，学理科，上物理系。秦霓组的《瞧瞧这个班级》也写完了，里面涵盖了全班每一个同学和每一位科任老师，成了我们高一生活的珍贵写照。

做学生最好的成长导师——张青娟班主任工作艺术99例

26. 我们班的作文展示角

课间，同课头的黄老师正在讲段子：

　　话说一新教师的宿舍原来是一位教语文的老教师住的，但这位老教师已经仙逝了。一天晚上，熄灯后，新教师隐约看见窗前的办公桌前坐着一位老先生。他定睛一看，还真是有人，赶紧喊其他同事来看，有认识的，说那是已经仙逝的老先生。大家都很害怕，一致认为是老先生的阴魂不散，还在这屋子里。这时候，有位胆大的同事提议，据说只要说一件鬼魂生前最怕的事情，这鬼魂自然就散了。大家七嘴八舌，说了很多，但老先生的鬼魂就是不散。无奈中，一位同事大喝一声：还不快去改作文！老先生的阴魂立即散了。

办公室爆发出一阵笑声。

"这个段子我都听过好多回了，但每次还是感慨万千、笑中带泪。"同样教语文的小刘感慨了一句。"哎，奇怪，我怎么没看到张老师的办公桌上堆积如山的作文本呢？"小刘冲着我喊了起来。也难怪，小刘刚刚调来，还不知道我们班的作文本都放在教室后边的作文展示角呢。

　　课前，学生正做眼保健操，我走到教室后边的作文展示角，随手翻开郭文红的作文本，发现在最近写的一篇《我与孔子》后边，已经跟上了几个同学的批语：

　　　　呵呵，知道得真多！
　　　　学习了。
　　　　到此一游。
　　　　一味地大唱赞歌恐怕也有失公允吧？（汪涛）
　　　　……

郭文红作文后边"跟帖"的一直很多，粉丝遍及全班，有时甚至还有外班同学专门来此欣赏并留下"墨宝"呢。

我又翻开许岷的本子，后边也跟了几条：

> 甲骨文吗？
>
> 天哪，这难道就是传说中的"天书"吗？
>
> 无语……

我也有点无语了。许岷的字一直让我头疼，简直就是一把乱草扔了上去，单是搞清楚写了什么就得费尽九牛二虎之力。不过，我把本子的第一页和最后一页对比了一下，发现书写方面的进步还是比较明显的。

说实话，做班主任不容易，每天都有一大堆鸡毛蒜皮的事要应付，如果你还想按自己的想法做点事，时间就更紧张了。作为语文老师，我也怕堆积如山的作文本，更怕我精批细改后，学生却视而不见，实际效果让人心寒，付出和收获严重不成比例。

我们班的作文展示角就是在这样的背景下出现的。书架有两层属于作文，一层放我已批改过的，一层放我未批改过的。可以这么说，从周一到周五，只要是上学时间，全班的作文都集中在这里。布置了新作文后，打好草稿的同学下午放学后拿回自己的本子抄写，第二天来校再放回去。课间休息时，同学们可以随便翻阅，随便评论，署名或匿名都行。

我这个班主任兼语文老师只是在课间拿走三五本，回办公室批改，有话就长篇大论写很多评语，无话就像大家一样跟个帖，批改完后及时放回去，另换上三五本，就这样周而复始。

作文经常被争着传看的郭文红等人，为了不让大家失望，每次都竭尽全力；总被人拍砖的学生心里不服，努着一把劲要一雪前耻；作文无人问津的学生，就拿着本子眼巴巴地向别人请教，这个"别人"当然也包括我……他们可以不在乎老师的批语，但对来自同学的评论还是很上心的。

课余，我们班总有一些同学围在作文角翻看，有人看完后忍不住写上几句话，或赞扬或批评；有人看着看着争论起来，争得脸红脖子粗谁也不服谁，有时还拉我表态，"逼"我站在他们一边；我经常加入争论的队伍，有时竟成了他们的公敌，只好落荒而逃……

当然，为了说服对方，他们经常在课下搜集一堆论据，第二天接着争个你高我低。我在旁边心里乐开了花。

27. 《我们青春的印记》

看到周国平的一段话，我深有感触，抄下来和学生一起分享：

> 那是读小学的时候，有一天我忽然觉得，让每一天这样不留痕迹地消逝太可惜了。于是我准备了一个小本子，把每天到哪儿玩了，吃了什么好吃的东西等都记下来，潜意识里是想留住人生中的一切好滋味。我就想：今天吃了，明天忘了，不就白吃了吗？不行，我要把它记下来。我自己做了一个小本子，哪天吃了什么，就记下来，然后翻开来看看，心里放心了，觉得没有白吃，都留下来了。

我和学生谈我的感受："这段话让我想起了很多往事。中学阶段，我也有记日记的习惯。高中毕业 20 年后同学聚会，回忆起那段让我们难忘的高中生活。回到家，我翻开当时的日记，写了一篇回忆性的文章，里面提到很多大家都淡忘了的细节，感动了好多同学。这是让我引以为豪的事。但也有遗憾，我的日记中有一些符号，比如用 X、Y 等字母代替某一个具体的人，那时以为会刻骨铭心记一辈子的，可现在却怎么也不知道那个 X、Y 到底是谁了。所以，我们不能太相信自己的记性啊。"

"古人说得没错，'好记性不如烂笔头'。"李昊调皮地接了一句。"是啊，大概是经验之谈吧。"我表示赞同。"这么一说还真是，我们同学聚会时说起的一些事我都没什么印象了。这才过了多久啊，再往后可能还会忘掉一部分。"

"写日记倒是留住记忆的一个好办法。""是啊，可以留下你的心路历程，留到老了，坐在摇椅上慢慢翻。""但是写日记可是一件需要毅力的事，我可能坚持不下来。""要不折中一下，咱们全班一起记一本日记，把班里每天发生的各种事情写下来，留给以后回忆，这样负担就轻多了。""好主意，大家轮流记，保留的是我们集体的记忆。"这正是我的用意，对大家来说，负担不算重，却很有意义。我赶紧表态："老师出本子，保证又大又厚，质量上乘，写完随时更换，绝不拖延片刻。"

又一阵七嘴八舌后，大家终于达成了共识：一、把我们的集体日记命名为"我们青春的印记"；二、上学期间天天记；三、愿意记的同学可以随时写在本上，多多益善；四、按学号往下轮，轮到的人当天必须记，以保证没有遗漏；五、下周一开始。

十天后，我要来了这本《我们青春的印记》，打算翻翻看看。

四月四日，晴

二哥的名字（张爽）

大家都知道二哥叫二允，那你知道为啥叫"二允"吗？

既然说到这儿，就不得不说说他的名字了。他是家里的第二胎，违反了我们国家的基本国策——计划生育政策。但他爷爷很不服气，就给他起名为"二允"，意思就是"允许生第二胎"。

哈哈，有趣吧，因为这个很搞笑的名字，我们几个同学给他起了个很势大的外号——二哥。

四月六日，雨

语不惊人死不休（李清华）

今天下午，同桌王国毅刚到校，一张嘴说话，我就看到了夹在他牙缝中间的那颗颜色鲜艳的辣子。

我正想着怎么委婉地提醒他一声，以免他不好意思，就听到前边的李振问王国毅："你中午是不是吃辣子了？"

"没有呀。"王国毅一脸茫然。

"那就是昨天的！"

"啊……"

我一下子乐喷了！

李振，你也太有才了吧。

四月七日，阴

何兴撒谎了（李艳）

我要揭露一个人。何兴今天撒谎了。

今天早读前，何兴想上厕所，可是马上就上课了，怎么办呢？人家灵机一动，借来一支红钢笔，将钢笔水洒在手上、脸上和卫生纸上。上课还没几分钟，他就大喊："老师，流鼻血了！"英语老师见状，赶紧让他去洗洗。就这样，他以迅雷不及掩耳之势从后门成功逃脱。

　　唉，老何呀老何，我不得不佩服你的聪明才智。当时你坐在最后一排，英语老师又是高度近视，再加上周围同学的应和，呵呵，你真是天时、地利、人和啊。

　　我揭露他不把聪明才智用在正道上，还讨厌他欺负我。由于他的体积较庞大，所以我坐在他前边最头疼的就是空间不足。有一天，他竟然过分到没给我留一丝余地，气得我冲他一阵咆哮："不要太过分了！""啊，你苗条嘛，看你瘦的，嘻嘻！"他这句话，让正在减肥的我心里美滋滋的。算了算了，不跟他计较啦！

　　唉，我是不是也太没原则了？

四月十日，晴

数学老师发脾气了（谢伟琳）

　　今天上课时，数学老师大发雷霆。

　　原因有以下几个：

　　一、李玲迟到了。（有特殊原因，可以原谅）

　　二、刘刚来和黄浩上课说话。

　　三、上黑板板演，一连三个同学都没做对同一道题。

　　四、昨天作业出错的人较多。

　　数学老师平时温文尔雅的，今天一定是气急了才发火的。这是一位非常负责任的老师，同学们，珍惜吧。

　　……

要是这么记下去，这本《我们青春的印记》还是很有看头的。

28. 晒书单

高一生活快要画上句号了。我们班同学经历了从"今天，我闻到书香了吗"到"我们的憩园"再到"读书'后遗症'"这么几个阶段，现在到了检阅他们读书成果的时候了。

高一最后一次主题班会，是由我策划的"晒书单"。屏幕上出现了我们这次班会的背景："高兴时，你可能会忽略了它；痛苦伤心时，它却对你不离不弃，忠实地陪在你身旁，给你安慰。它就是书籍。"

第一个环节：晒晒我的书单。

大家轮流上台展示自己高一一个学年读过的书。

李岩：天下霸唱的《鬼吹灯》；刘慈欣的长篇小说《超新星纪元》《球状闪电》，"地球往事"系列（《三体》《三体Ⅱ：黑暗森林》《三体Ⅲ：死神永生》），中短篇《流浪地球》《乡村教师》等。

钱太建：《水浒传》《三国演义》。

尹国强：金庸的《射雕英雄传》《神雕侠侣》《倚天屠龙记》《书剑恩仇录》《碧血剑》《雪山飞狐》《笑傲江湖》《天龙八部》《鹿鼎记》。

秦霓：巴尔扎克的《人间喜剧》；周国平的散文集《守望的距离》，纪实作品《妞妞：一个父亲的札记》，随感集《人与永恒》。

王婷：《红楼梦》。

刘睿：纳兰性德的《饮水词》。

杨明利：笛安的《西决》《东霓》《告别天堂》。

李明玲：韩寒和郭敬明的作品。

王晶晶：《读者》《意林》《格言》《青年文摘》等杂志。

……

第二个环节：谈谈我的读书心得。

李岩：刘慈欣的作品非常吸引人，能给人带来阅读快感，注重表现科学的内涵和美感。我开始对物理感兴趣了，打算以后就学理论物理。

刘睿："人生若只如初见，何事秋风悲画扇？""赌书消得泼茶香，当时只道是寻常。"这些熟悉的句子都出自纳兰笔下。虽然纳兰的《饮水词》我还没有读完，但我觉得他的词非常美，有些句子能直击内心，让人产生共鸣。读到特别喜欢的，我就背下来。我把《饮水词》放在枕边，坚持每天晚上看一两首。

尹国强：我喜欢金庸是从看电视剧开始的。中考结束后的暑假漫长又无聊，我就借来金庸的武侠小说看了个昏天黑地。其实上高一只看了两本，我打算把金庸的作品一部不落地看完。

王晶晶：我觉得《读者》这类杂志选文短，看起来省时间，还能帮助我提高写作能力。

……

第三个环节：说说我的读书计划。

李岩：放慢速度，减少数量，注重质量。

王婷：我打算把《红楼梦》看一生，因为这是一部值得一品再品的伟大作品。

秦霓：读书不在一时突击，要让读书成为生活的一个组成部分。

尹国强：除了金庸，我计划扩大自己的阅读面。欢迎大家推荐好书啊。

黄敏丽：学了苏轼的作品后，我很喜欢。假期我要先看老师推荐的《苏东坡传》。

……

第四个环节：老师的建议。

我没想到同学们看了这么多书，备感欣慰。关于读书，我对大家有几个建议：

一、大家现在毕竟有升学的压力，所以不宜贪图读书的数量，少而精即可。

二、选书时可以在考虑自己读书趣味的前提下，多听听别人的意见，比如老师和家长的意见，少看或不看品味不高的书，这类书既没什么效果，还耽误了宝贵的时间，更糟的是还可能影响了读书的趣味。

三、读书不能毕其功于一役，不能太功利。老师赞成秦霓的看法：读书不在一时突击，要让读书成为生活的一个组成部分。

四、快放暑假了，高一的暑假是高中阶段最轻松的长假期，利用这个假期多读几本书吧。

五、这节班会上，还有少部分同学自始至终都没开口，彻底做了观众。老师希望在下一次这样的班会上，你们也能侃侃而谈。老师建议你们先选择一些短文章看看，权当紧张学习之余的一种调节吧。

29. 把耳朵叫醒

周一早上第一节课，下课铃刚刚响起，坐在第二排的雨柔就做好了随时冲出去的准备。对这个文气的女孩来说，这个动作可是少有的。我猜她一定是急着上厕所，就赶紧喊了下课。

我低下头收拾书本，雨柔却已经迫不及待地冲上讲台。我愣了一下，看到她俯身拿起鼠标，点开桌面一个文件，一阵悦耳动听的钢琴曲回响在教室的上空，是"钢琴王子"理查德·克莱德曼演奏的《致爱丽丝》。

这是搞的哪一出？我纳闷地看着雨柔。雨柔这才抽出空来，回头对我一笑，解释说："咱们班的艺术节从现在开始就拉开帷幕了。这周我们定的主题是'把耳朵叫醒'，由我负责。班委会商量的办法是每个课间让音乐响起来，先把大家的耳朵叫醒。"

我明白了。上周学校艺术节开幕后，班委会策划在班里也搞一个只属于我们班的小小艺术节。我很赞成他们的创意，只是我对艺术完全是个外行，没有能力对他们提出什么建设性的意见，只好把权利完全下放了。

雨柔是班里的文艺委员，她从小就学习弹钢琴，钢琴考过了十级，据说水平已经很高了。由她负责音乐这个版块，自然再合适不过了。

20世纪90年代初的一个秋天，法国著名钢琴家理查德·克莱德曼首次来华演出，将他那流畅华丽、让人心旷神怡的琴音直接送到人们的耳中。我就是在那个时候熟悉了《致爱丽丝》《秋日私语》《水边的阿狄丽娜》等优美的旋律。

我不由得放慢了收拾书本的动作，聆听着让我怀旧的旋律。很多同学也凝神听着。既是课间休息，也是音乐欣赏，我暗暗为他们的创意叫好。

周一下午的班会上，大屏幕上出现了一行醒目的美术字——"把耳朵叫醒"，背景音乐是低低的小提琴协奏曲《梁祝》。音乐的氛围扑面而来。我像学生一样兴奋，满怀期待地坐在下边，等着上课铃响起。

上课了，雨柔走上讲台，担任主持。参加过各种比赛和表演的雨柔，大大方方地站在讲台上，面对大家说道："音乐是生活中的一股清泉，音乐是陶冶性情的熔炉；音乐能改善我们的性格，音乐能带走我们的寂寞；音乐里有人性本质里的善良，音乐里有对爱与被爱的向往，音乐里有对人与人之间真诚感情的讴歌……今天，由我带着大家走进音乐，走进贝多芬的《命运交响曲》。"

伴随着乐曲声，传入耳中的还有雨柔的解说："音乐还会说话呢。让我们随着音乐走进贝多芬的内心世界，去聆听和感触生命的痛苦。听，在痛苦的边缘升腾起温暖，在温暖的怀抱孕育着英雄，英雄发出太阳般的光芒。虽然乌云总有遮住太阳的时候，可光明终将以不可阻挡之势驱逐阴云，英雄坚强地战胜了命运。

"命运屈服了！贝多芬，这位粗砾而英勇的斗士，用他那咄咄逼人的音乐成功地扼住了命运的喉咙；瞎子阿炳用他手中的二胡为世人留下了千古不朽的《二泉映月》；卡雷拉斯战胜了癌症，并且成为当今世界举世闻名的三大男高音之一。其实我们每个人在自己的人生道路上都会遇到各种挫折，面对生命的挑战，有这样一群特殊的人用他们特殊的方式向生命交出了一份特殊的答卷。

……

"同学们，音乐是生命中绽放的奇葩。当你快乐时，音乐让你的灵魂飞扬；当你悲伤时，音乐抚慰你的心灵；当你孤独时，音乐陪伴在你的身旁；当你思乡时，音乐寄托着你的思念之情……同学们，让音乐成为你的朋友吧——一辈子不离不弃的朋友。"雨柔的主持在大家热烈的掌声中完美结束。

接下来的一周里，只要是课间，教室里总是流淌着音乐的旋律：《二泉映月》《高山流水》《彩云追月》《春江花月夜》，《蓝色多瑙河》《春之声》《土耳其进行曲》……

有同学听到一段喜欢的旋律，便去向雨柔请教；有同学自力更生，自己上网查资料；也有同学提出意见，说生活中不但需要阳春白雪，也需要下里巴人，给通俗音乐留一席之地吧……班委会从善如流，慷慨地把周四、周五两天留给了通俗音乐。那个提出要给通俗音乐留一席之地的同学从雨柔手中接过接力棒，开始着手准备，只是不知道他能不能在音乐周的后两天把大家的耳朵叫醒。

30. 视觉盛宴

班委会接下来要推出的艺术节主题会是什么呢？第二周的周一，我满怀期待地等着又一个惊喜的到来。

夏阳走上讲台，打开了多媒体，原来是一组循环播放的世界名画 PPT。没想到竟然还延续了上周的音乐主题，配上了舒缓的背景音乐。

我好奇地问夏阳："这周的主题是什么啊？"夏阳回答："这周的主题叫'视觉盛宴'——欣赏世界名画。"

这个主题交给夏阳就对了。夏阳是学校美术班的学员，他的目标明确，就是考美院、当画家。一般来说，校美术班的同学文化课成绩都不够理想，但夏阳是个例外，他的文化课成绩一直名列前茅。

我看着屏幕上滚动播放的名画，认识的有《蒙娜丽莎》《清明上河图》《无名女郎》《伏尔加河上的纤夫》《拾穗者》《最后的晚餐》，还有一些看着眼熟，但叫不上名字，更说不出名堂，更有一些从来都没有见过。同学们围在一起，指点着屏幕。

下午的班会上，夏阳拿着准备好的讲稿走上台，开始了他的主持。"今天班会的主题是'视觉盛宴'，由我带着大家走进世界名画的殿堂，欣赏一组世界名画。

"《向日葵》这幅作品是凡·高在自己绘画成熟期创作的。画面上朵朵葵花夸张的形体和激情四射的色彩，使人头晕目眩。画家充满激情地去画那些面朝太阳而生的花朵。花蕊画得火红火红的，就像一团炽热的火球；黄色的花瓣就像太阳放射出的耀眼光芒。画家用奔放不羁、大胆泼辣的笔触，使其中的每一朵向日葵都获得了强大的生命力。在这里你用'栩栩如生'来描绘这些向日葵，已经显得软弱和浅薄，因为那火焰般的向日葵仿佛是一朵朵燃烧的生命，画家赋予它们一种生命蓬勃燃烧的冲动和张力。

"有人说这是'凡·高的向日葵'，因为那是他内心火热感情的写照，是他精神力量的外露。天才的艺术家往往能在某个领域成就划时代的艺术高峰，后人只能膜拜，却无法企及，凡·高就是如此。

"凡·高最有名的作品无疑就是这幅《向日葵》。凡·高确实做到了让阿尔八月阳光的色彩在画面上大放光芒，这些色彩炽热的阳光，是发自内心的虔诚的情感。

"作为一位用生命创作的画家，凡·高将自身的主体创作意识、内心的情感意识与东方绘画的因素加以巧妙融会，在最惨烈的生活境遇和对艺术狂热执著的追求中，树立起了划时代的丰碑。"

听了夏阳的介绍，我对《向日葵》的了解比以前加深了。夏阳还向大家介绍了怎么欣赏达·芬奇的《蒙娜丽莎》和列宾的《伏尔加河上的纤夫》。

班会后，我问夏阳："接下来的几天打算怎么落实'视觉盛宴'的主题呢?"夏阳说："准备借鉴上周关于音乐的主题，课间给大家放一些世界名画，数量越多越好，这才能叫'盛宴'啊，哪怕只是让大家开开眼界也好。"

我对他的想法表示赞同，又提出了一个建议：同学们大多对名画了解不多，泛泛地看看也许印象不深，收获不大。能不能每个课间只介绍五幅作品，配上简单的文字说明，让大家多少能看出点名堂来。还可以用两个课间重复播放同一组作品，以加深印象。第二天的课间，夏阳采纳了我的建议，屏幕上播放了五幅作品，并配有简短的文字说明。

31. 向通才努力

第三周的班会由体育委员王建宁主持。

"经过调查，我发现咱们班喜欢运动的男生比女生多。我听过一个笑话，说职场中的女性要能文能武，文是指要能跟男的一起开会，武是指要能跟男的一起扛包。

"在生活中，你虽然不能跟朋友一起高歌狂舞，但可以跟朋友一起欣赏歌舞；你虽然不是个丹青妙手，但可以跟朋友看看画展，谈谈印象派；你虽然不能跟朋友在球场上竞技，但可以跟朋友一起侃球……

"前两周，雨柔带大家徜徉在音乐的世界里，夏阳领大家步入绘画的殿堂。这周，就由我担任向导，让大家体验运动的魅力，感受活力与激情，欣赏生命如何绽放在运动场上。注意，此项活动，男女皆宜。请大家先看一段NBA精彩进球集锦。"

王建宁终于停了下来，大家的注意力都集中到了大屏幕播放的视频上。

"NBA的魅力究竟何在，'引无数英雄竞折腰'？我觉得是个悬念！球星才华横溢，教练斗智斗法，身体激烈对抗……都使这项运动魅力无穷！

"NBA汇集了许多顶尖球星。当那些球星的精彩技巧汇总在一起的时候，那种场面令人震撼。而且，这样的运动优雅、精致、充满激情，一个热爱生活的人，怎么能不喜欢呢？NBA代表了世界篮球的最高水平，比赛的观赏程度高，观赏价值大，商业运作好。姚明在NBA的成功，还是一部很好的励志教材。总之，它可以让你在看球时忘了一切的不开心，让你陶醉在NBA中，享受NBA。"王建宁的语速很快，多少有点解说员的范儿。同学们的注意力都被他吸引过去了。

"下面我要给大家介绍的是乒乓球。乒乓球被称为我们的国球。看乒乓球最大的好处是不像看足球那么揪心，它能让你扬眉吐气、心花怒放。

"下面这段视频是马龙和王皓的巅峰对决。我看了那么多比赛，只有这一场可以让我激动得站起来。

"看乒乓球比赛，我们看的主要还是运动员在激烈的比赛中所展现的智慧。乒乓球是一项'高智商'的运动。有统计表明，在奥运会项目中，乒乓球运动员的反应速度是最快的。在短暂的回合球中，乒乓球运动员要正确地制定战术，正确地判断对手的打法。哪怕是看乒乓球，也得不断地动脑子。

"乒乓球运动的'大满贯'是指获得奥林匹克运动会单打冠军、世界锦标赛单打冠军、世界杯单打冠军。现在，国际乒坛上一共有六位乒乓球'大满贯'运动员：外国的是瑞典的瓦尔德内尔；其他五位全是中国运动员，他们是邓亚萍、刘国梁、孔令辉、王楠、张怡宁。

"乒乓球就给大家介绍到这里。在你以后的学习或工作之余，还有体育陪伴着你，这样的人生多有趣啊！

"我们的目标是成为通才！广泛的兴趣能让你的业余生活多姿多彩，何乐而不为呢？运动方面做得比较差的，班主任算一个。希望以后班主任能以身作则，为女同学起到模范带头作用。请班主任表个态吧。"底下竟然是哗哗的掌声。

我无奈地站了起来："现在要让我从事激烈的篮球、足球运动，可能性只能为零。不过，今天的班会让我受益匪浅，我保证在两个方面继续努力：一是选择一种适合我的、温和的锻炼方式，二是做一名合格的粉丝，力争早日甩掉'伪球迷'的帽子，成为一个热心的铁杆球迷。不知这样说能不能过关？"同学们的掌声表明我已成功过关。

32. 秀出你的风采

第四周，我继续期待着他们带给大家又一个惊喜。

周一早上下课后，竟没有人上讲台安排，教室里一下子显得冷冷清清的。怎么回事？我等了一会儿，还是没动静。我终于沉不住气了，叫来班长询问。"咱们的艺术节不是计划要持续一个月吗？还有一周时间，怎么没人管了？"班长迟疑了一下，说道："原本是计划一个月的，但现在美、体、音都轮番登台了，没什么内容了，只好提前一周结束。"我遗憾地说："艺术的范围很大，怎么会没有内容呢？我觉得咱们班这个小小艺术节有点虎头蛇尾啊。"班长洋派地耸耸肩："只能这样了。"

我虽然觉得很遗憾，但又安慰自己，前三周的活动他们已经组织得很精彩了，还弥补了我心里的一个缺憾——我一直觉得中学体育课应该增加一项如何欣赏体育赛事的内容，我应该感到满意了。

下午班会时间，我来到教室，大家都在安安静静地上自习。前三周的热闹不复存在了，我竟觉得有点失落。到了周五下午，我才好不容易重新习惯了教室课间的安静。

周五下午最后一节是自习课。我手头有一堆事要处理，就没有去教室——反正班里自习课的纪律早就不存在问题了。过了不到五分钟，班长来办公室叫我，让我去教室一趟。我心想别是发生什么事了吧，就赶紧随班长去了教室。

进了教室，我惊呆了：桌凳已经重新靠墙摆放，教室中间空出了一块场地；桌子上摆放着书法、绘画作品，同学们正围着看呢。我抬头看看大屏幕，上面显示着"秀出你的风采"几个字。

我不解地看着班长，他得意地笑了："说是一个月的艺术节，当然不能偷工减料了。只是为了给大家留下充足的准备时间，我们把'秀出你的风采'移到了周五，也算是咱们班艺术节的闭幕式吧。之所以瞒着您，是为了给您个惊喜啊。"我一本正经地说："那你们的阴谋得逞了。"周围的同学都笑了。

我围着教室转了一圈，欣赏了夏阳的素描和一幅水墨画，欣赏了阎宇很有几分颜体神韵的书法作品，欣赏了李玲玲用碎布做的布贴画，欣赏了黄燕琳用珠子攒成的花瓶，里面还插着手工绢花……这些作品参观完毕，大家坐了下来，后面还有精彩的节目。

王建宁首先表演。他对着大屏幕上一场消了音的足球比赛开始了解说，单是那个语速，就为他赢来了一阵阵热烈的掌声。

"活宝"李浩林上台了。他表演的竟然是口技。配合着他夸张的肢体动作、变形的面部表情，婉转的鸟鸣响起来了。"鸟儿们"叽叽喳喳，有时像在互诉衷肠，有时又像在激烈争吵，热闹非凡。

黄芳菲在李玲玉演唱的《天竺少女》伴奏下，为大家跳了一段印度舞；赵凯拉了一段小提琴；还有人反串演唱了李玉刚的《新贵妃醉酒》……

最后，多媒体播放了一组校园歌曲联唱，大家跟着伴奏，看着大屏幕上的歌词一起哼唱起来，最后居然成了大合唱。

我们班的艺术节不留一点遗憾、圆满地落下了帷幕。不过，课间的音乐、美术作品欣赏，精彩的体育比赛片段，已经成了我们班级文化的一部分。

33. 听长辈讲端午节的故事

过两天就是端午节了。我问孩子们："你们家的端午节是怎么过的?"孩子们一边回忆一边说道:"在超市买几个粽子吃。""全家去饭店吃一顿大餐。""可以睡个懒觉。""奶奶会从市场买回一把艾草插在门上。""我会买个香包挂在房间里。"……

说来说去,我发现我们生活的这座城市保留下来的端午节风俗好像也就剩下吃从超市买来的粽子了,至于插艾草的家庭则少之又少,挂香包的孩子就更少了。余下的,就是孩子们从书上看到的为了纪念屈原而举行的赛龙舟了。

我建议道:"今天回家后,请大家问问爷爷奶奶、姥爷姥姥、爸爸妈妈,了解一下端午节都有哪些习俗,明天咱们交流交流。"

第二天,孩子们迫不及待地分享彼此的成果。

"在我们老家,离端午节还很早呢,婆(指奶奶)就开始准备了。婆早早赶集买回粽叶和糯米。粽叶要提前洗干净,糯米也要提前泡好,还得做好红豆沙,泡好大红枣。到了端午节的前一天下午,婆把泡好的糯米、洗好的粽叶、提前做好的红豆沙和泡好的红枣一一整齐地摆放在后院,搬个小凳子坐下,把粽叶在水里浸湿,先折两下,塞进糯米,再往中间塞进豆沙或是几个大枣,包起来,用细麻绳绑好,就是一个待煮的粽子了。

"晚上吃过饭,收拾完,婆把包好的粽子放进大铁锅里,加上适量的水,铁锅下架上硬柴开始烧。烧开后,锅底下的火得一直烧着,只是不用拉风箱了。婆晚上要起好几次,给锅底下加柴火,得烧整整一个晚上呢。

"端午节早上一睁眼,小孩子就掀开锅盖拿粽子吃。几个粽子下肚,小孩子就被大人打发出去给隔壁、对门送粽子,一般碗里放三五个不同馅儿的粽子;回来时,碗里基本也不空,端回来的是别人家的粽子。"

"姥姥的任务是准备香包和搓花花绳。姥姥提前去集市买回五色丝线,搓成花花绳;再花一毛钱买点香料,装进用五颜六色的碎布条缝成的各种式样的漂亮香包里。端午节早上一起来,孩子们的手腕上、脚腕上都系上了花花绳。

姥姥搓的花花绳很讲究，丝线的颜色多，配得好看，说是能辟邪呢。小孩子穿衣服时，外衣的第二个纽扣一定系着一个香包。孩子们拿着香包，低着头使劲嗅嗅，眼睛都挤成了一条缝儿，然后就跑出家门向小朋友们显摆去了。"

"给门窗插艾草是爷的事。爷在端午节前一天，不知从哪里割回来一捆艾草，插在门窗上。插艾草说是能辟邪，其实最实在的用途是驱蚊蝇。剩下的就放在后院里，蚊子多的时候点着了沤烟来熏蚊子，可以用一个夏天呢。"

"我的老家在南方，可惜我从来没回去过。在老家，艾、菖蒲和蒜被称为'端午三友'。采艾要在鸡鸣以前就出发，挑选最具人形的艾草带回去挂在门上。端午节这天，人们以菖蒲作宝剑，以艾作鞭子，以蒜头作锤子，认为可以退蛇、虫、病菌，斩除妖魔。至于喝雄黄酒，大家在《新白娘子传奇》里都看过了，我就不啰唆了。"

分享完大家从长辈那里听来的端午节习俗，孩子们一脸的神往。

看着孩子们既向往又遗憾的表情，我说道："大家是不是觉得我们今天把节日过得少了很多趣味呢？其实，节日的乐趣在很大程度上在于节日前烦琐的准备活动和节日中一些具有仪式性的习俗。今年的端午节，大家可以向爸爸妈妈建议，争取过一个古色古香的端午节。如果觉得包粽子太麻烦，可以在买粽子吃的同时，买一把艾草插在门上，或者买个香包做装饰。当然，最佳的选择是亲自去郊区割艾草，再亲自动手做个独一无二的香包，或者用各色丝线搓几段花花绳，戴在手腕上——这都是咱们本地的习俗。这样，我们不但能体验一个古色古香的端午节，还能帮长辈怀怀旧呢。"

孩子们露出一脸的兴奋，连声说可以试试。

等待花开

——用心，呵护你的成长

34. 让她们和好如初

课间，我在楼下碰到从厕所方向回教室的李丽。"老师好。"她向我打了个招呼后，我们就错身而过了。我愣了一下，觉得有点异样，就下意识地回头看了看李丽，顿时恍然大悟：她旁边少了那个和她如影相随的王雯雯。

下午放学后，我看到李丽一个人背着书包，落寞地走出了教室。过了一会儿，王雯雯和二班一个叫张文琳的女生说说笑笑地一起走了。

这还真有点奇怪。上高中一年半了，李丽和王雯雯总是一起上学，一起回家，课间上厕所也不拆伴儿。这是怎么了？

第二天一到校，我就找李丽了解情况。我刚一开口，李丽的眼泪就流了下来，接着干脆抽泣起来，半天才抽抽搭搭地说："我和王雯雯不说话了，我们再也不是朋友了。""怎么回事啊？能告诉老师吗？"我一边安慰她，一边找纸巾给她擦泪。这下她更伤心了："王雯雯不理我了。"再问，她只是哭，什么也不说了。我只好让她先回教室，打算找王雯雯了解一下情况。

李丽生活在一个单亲家庭，跟着粗枝大叶的父亲一起生活，性格内向。她和王雯雯一个院儿长大，两人从幼儿园、小学、初中一路上到高中，活泼开朗的王雯雯一直以姐姐自居，照顾着李丽。记得高一时，我看到她俩连上厕所都必须一起，还打趣过她们，王雯雯快人快语："没办法，朋友做到这个份上，连生物钟都调得完全一致了。"李丽只是抿嘴一笑，不吭声。过后，王雯雯私底下告诉我，其实，有时她并不想上厕所，但如果李丽要去，她就毫不犹豫地陪着李丽一起去。

有一次，王雯雯竟然揪着一个男生的衣服发飙了，那个人高马大的男生没想到一个女生会这么威猛，一下子傻了。旁边的同学赶紧把他们拉开，有人已跑到办公室找我了。原来，那个男生拿李丽的长相开玩笑，惹恼了她的好朋友王雯雯，她冲上来就揪住那个男生的衣领，要他立刻向李丽道歉。后来，男生意识到自己有点过分，诚恳地当着全班同学的面向李丽道了歉。自那以后，李丽和王雯雯的关系就更铁了。

然而现在，这对好朋友到底怎么了？课间，我找来王雯雯了解情况。王雯雯犹豫了一下，说李丽最近不理她了，找李丽说话，她总是冷冷地板着脸不理会，她也有点纳闷。我对王雯雯说："这么多年的好朋友分开了多可惜啊，好好想想，搞清楚是什么原因，应该还有挽回的可能。"她皱着眉头想了半天，没有把握地猜测道："最近，二班的张文琳经常找我，李丽会不会因此不高兴了？"看来王雯雯也像我一样蒙在鼓里，我只能再找李丽了。

　　反复了解后，我终于搞明白了，原来上周王雯雯和几个同学一起出去吃自助餐，那几个同学知道王雯雯和李丽的关系，本来是要叫上李丽的，却被王雯雯阻止了。后来就有人把情况告诉了李丽，李丽当然恼了，痛苦地决定和王雯雯决裂。以她俩的关系，王雯雯怎么会拒绝和李丽一起出去呢？我也感到奇怪。

　　再找来王雯雯一问，事实清楚了：李丽的爸爸最近下岗了，她家的经济条件本来就不好，一顿自助餐每人要花48元钱，她不想让李丽为难，才决定不叫她的。

　　误会解释清楚后，李丽和王雯雯又和好如初了，不，是比以前更好了。

35. 孩子，我要让你开心上学

　　月考成绩下来了，杨克浪又排在了最后。

　　数学老师叹了口气说："这孩子也不知怎么搞的，上课从不说话，大眼睛一眨不眨地盯着你，听课很认真，可一考试准砸。这次才考了 32 分。"旁边的物理老师插话说："你知足吧，他物理才考了 18 分。"

　　我眼前出现了那个坐在教室角落的男孩。他总是安安静静的，很少见他像别的男生那样课间在操场上疯玩；各科作业都写得整整齐齐，很少出现错误，可一考试，就是最后一名。

　　作业做得那么好，怎么可能考那么点分数呢？作为班主任，我和他谈过，他说听不懂；我找家长了解情况，原来他的作业都是在家长的帮助下完成的，为了完成这些作业，他每天都睡得很晚，家长也很辛苦，有时看时间太晚，只好写下答案让他抄了交差。

　　我深深地同情这个孩子。那么多课程都听不懂，竟然还认真地听了那么多个 45 分钟，这需要多大的毅力啊！天天按时来上学，熬过一节课又一节课，他心里是多么痛苦啊？我该怎么帮助这个孩子呢？

　　早读时，我布置了背诵《六国论》的任务，然后到学生中间巡视。巡视过程中解答了三个学生的问题，花了不到十分钟时间，就转到了杨克浪身边。我看到他正在小声背书，就俯下身子问他背到什么地方了，他抬头回答说背过了。我吃了一惊，欣喜地让他试试。

　　这一试，让我对他刮目相看。他背得非常流利，一点磕绊都没有，吐字清晰，句读也把握得很好。我拍拍他的肩膀，表扬了他，问他是不是提前背过，他说没有，刚刚才开始背的。

　　我观察了一下周围的同学，大家都还在背第二段。我拍拍手，让大家暂停，请杨克浪给我们展示一下他的背诵成果。杨克浪站了起来，准确、流利地完成了任务。全班同学都目瞪口呆，很明显有人不怎么相信，但大家还是礼貌地鼓起了掌。杨克浪脸红了，但他的眼睛分明是亮晶晶的。

其实，我也觉得很有可能是杨克浪提前背过了，但不管怎样，能给他一个表现的机会，我心里很高兴。

从此，语文课上的杨克浪眼睛里有了光彩。学到韩愈的《祭十二郎文》时，我并没有要求学生背诵，然而还是早读课上，在大家熟悉课文时，杨克浪竟然举手说他背过了。我不是吃惊，而是压根不相信。我克制着内心的疑惑，让他背一遍，他居然很顺畅地背了下来。我对大家说："这么多年来，检查背诵时，我从来不用拿着书，因为在要求大家背诵之前，我早就背得滚瓜烂熟了。可是，今天有了例外，检查杨克浪背诵《祭十二郎文》时，我竟然拿着课本！我很喜欢这篇课文，也非常熟悉，但是我背不过，也没要求大家背诵，但杨克浪创造了一个奇迹！"怀疑的眼光比上次少多了，大家的掌声比上次热烈多了。

后来，杨克浪以他非凡的记忆力征服了我，征服了全班同学，也征服了所有科任老师。再后来，一遇到需要背诵的内容，杨克浪就成了各科老师教育大家的榜样。杨克浪终于拥有了让自己骄傲的资本，他也可以在校园里收获别人羡慕的眼光了。

上学，对杨克浪而言，也算是一件快乐的事了。

36. 我会第 n+1 次提醒你

　　周一升旗，我站在队伍旁边。班上的黄侃侃站在队伍中间，不时捅捅站在他前边的同学。黄侃侃的行为习惯比较差，爱说话，站没站相、坐没坐相。

　　回到教室，我走到他座位旁小声提醒："刚才升旗的时候，你觉得自己的表现怎么样啊？"黄侃侃犹豫了一下，说道："还行吧。""也就是说还有值得改进的地方？"我追问了一句。

　　他好像有点不甘心，但还是迫于无奈说了句："是的。我本想和前边的李林说话，但捅了他几次他都没理我，我顶多算是说话未遂。"

　　我被他逗笑了："表个态吧。""我错了，下次一定改。升旗是很严肃的事情，我自己做得不够好，还差点影响到同学，进而影响到我们班的形象，这说明我对国旗的尊重不够……"我拍拍他的肩膀："先别忙着上纲上线，改了就行。"

　　第二次升旗。黄侃侃把全身的重量都集中在右腿上，左腿虚虚地伸向左前方，还不停地抖动着。回到教室后，我又走到他座位旁："今天升旗你表现得怎么样啊？""对天发誓，今天我没捅任何人。"他举起右手，做了个发誓的动作。"我没说你捅别人，我想问你其他方面做得怎么样。"他想了想，摇摇头："想不出来，好像没什么问题吧？"

　　坐在他前边的何灵华扭过头来说道："记性真差。这才多大一会儿，你就忘了？我跟你并排站着，你的腿没有立正，晃得我头晕。""有那么夸张？我都没意识到啊。""知道了就好，下次注意吧。"

　　第三次升旗。天很冷，风刮到脸上像刀子一样。站在队伍中的黄侃侃缩着脖子，双手插在裤兜里。回到教室后，我又走到他座位旁："今天升旗你表现得怎么样啊？""好着呢。"他脱口而出，忽然又不自信地加了一句，"我再想想。"

　　我耐心地等在旁边，片刻后，他自信地说："没问题，我这次没说话，也没有捅别人，更没晃悠腿。""这我看到了，说明你没有在同一个地方跌倒两次，是个聪明人。不过，你再想想其他方面做得怎么样。"黄侃侃皱着眉头，苦苦思索着，半天都没吭声。

"那我提醒你一句，今天天挺冷的……""哦，我知道了，我不应该把手插进裤兜里。""猜对了，下次注意啊。"

第四次升旗。黄侃侃抬头挺胸，双手贴着裤缝，标准的站姿。我暗暗地点点头。

可是，国歌响起的时候，我发现他没有向正在升起的国旗行注目礼，而是不停地看站在他右后方的我。回到教室后，我刚走到他身边，还没开口，他就迫不及待地问我："今天我表现得怎么样？"我说："不错啊，前几次出现的问题都得到纠正了。不过……"我有意识地停顿了一下。"老师，我不相信这次您还能'鸡蛋里挑出骨头来'！"他差点就要发誓了。

我问他："升旗时要向国旗行注目礼，你看哪儿呢？"何灵华扭头说："这都是老师第 n 次提醒你了。"

我看着黄侃侃继续说："如果你下次没做好，老师还会第 n+1 次提醒你的！""我决不让老师第 n+1 次提醒了！""尽量做到吧。老师允许你偶尔反复一两次，毕竟一种好习惯的养成需要一段时间呢。"

37. 你拥有一片别样的天空

新学期的第一次班会上，我组织大家交流一下暑假生活。

"我喜欢大海，假期爸爸妈妈专门带我去了一趟青岛。我们沿海滨栈道欣赏了都市海滨风景，去崂山体会了'海上名山第一'的雄伟景色，去黄岛体验了'亚洲第一滩'的迷人景色。我最高兴的是看大海、吃海鲜。"

"这个暑假我最大的收获是学会了游泳。过去，我一下水就得套上游泳圈，很煞风景。今年，我下决心要告别游泳圈，就报了一个游泳班，终于学会了游泳。"

"我的暑假有点无聊，当了一回彻头彻尾的'宅男'。在家里除了学习，只能焊在电脑桌前上网了。看了一堆网络小说，打电游的时候也很多。"

"我去肯德基打工了，累并快乐着。生平第一次靠自己的劳动挣了钱，给父母买了小礼物，剩下的都归自己支配。爽极了！"

……

我听大家争先恐后地说着自己的暑假生活，分享他们的快乐和抱怨。我注意到第三排靠墙坐着的男孩没有举过手，只安安静静地听着。他长得敦敦实实，脸色黝黑，是那种在太阳下晒出的健康的肤色。他叫韩铁柱，这学期刚刚转学来到我们班。

报名时，是他叔叔带他来的。我从他叔叔那里得知这是一个不幸的孩子：父亲车祸去世，母亲改嫁。原本母亲是想带着他一起走的，可是，他是韩家孙子辈里唯一的男孩，爷爷奶奶还指望他给韩家顶门立户呢。所以，他就一直跟着年迈的爷爷奶奶一起生活在老家。爷爷奶奶一天天变老，在城里工作的叔叔最近把爷爷奶奶接来一起生活，他也就跟着来了。他叔叔只有一个女儿，就把韩铁柱当自己的儿子看。他叔叔既无奈又自豪地对我说："别看铁柱没爸没妈的，在我们家没有一个人敢轻视他。这个孩子太敏感，希望老师多加关注。"

韩铁柱的表情显得很复杂，既有羡慕，又有一丝丝的尴尬和无奈。我拍拍手让大家静下来，微笑着说："欢迎咱们班的新成员韩铁柱同学给大家说说他的暑假生活，好不好？"同学们看着韩铁柱鼓起了掌。

韩铁柱站了起来，结结巴巴地说道："我真的没有什么好说的，假期我就在老家待着，没有什么新鲜事可说……"他的眼中闪过一丝惶恐和自卑。

我鼓励他说："你交上来的暑假见闻写得很有意思，非常好。我相信大家都想分享你独特的暑假生活。这样吧，你把作文中写过的'捉牛犊'那一段讲给大家听听吧。"

他犹豫了一下，终于鼓足勇气开口了："夏天，蝉的幼虫会从土里钻出来，找到附近一棵树爬上去，蜕掉一层壳，才能变成真正的蝉，在树上'知了知了'地叫。我们通过学习法布尔的《蝉》就该知道这个过程了。"

他的普通话不太标准，但不影响交流。一开始他有点紧张，语句不太连贯，但这毕竟是他熟悉的生活，很快就说得很顺畅了。

"在我们老家，我们把蝉的幼虫叫'牛犊'，此'牛犊'非彼'牛犊'，跟'牛'没有一点关系。天快黑的时候，我们一帮小子提着塑料袋，拿着手电筒，到路边的树底下捉牛犊。这个时间正是牛犊从土里钻出来的时候。我们用手电筒照着树下边，就能发现向上爬的牛犊。轻轻用大拇指和食指捏起来，扔进塑料袋里。半个多小时，就能抓二三十只。回到家里，把牛犊倒进盆里，先用清水冲掉牛犊身上的土，再换上一盆清水，泡一个晚上。第二天早上，牛犊肚子里的脏东西就吐干净了，用清水冲洗，放锅里油炸。出锅后撒点盐、辣子面什么的，好吃着呢。"

那些城里的孩子都听得呆住了。尤其是男生，韩铁柱说的暑假生活是他们从来都没有听过的，女生也掩饰不住内心的好奇。

韩铁柱讲完后，如释重负地坐了下来。

我问大家："韩铁柱说的新鲜不新鲜？大家要不要再听一个？"大家用一阵热烈的掌声做出了回答。

韩铁柱重新站起来，搔了搔头皮说道："我也不知道抓牛犊会不会破坏生态平衡。如果会，那也是我在无知状态下犯的错，算不上大罪过吧？"大家都被他的话逗乐了。

"那我就再说一个吧。城里超市卖的西红柿，外面看起来还可以，但里面经常是空的，这种西红柿吃起来没啥味道。有时里面还是青的，青西红柿是不能生吃的。在我们老家，路边有一个菜园子，里面的西红柿架上挂着一个个红灯笼和绿灯笼。我们猫着腰钻进去，拣又大又红的摘了两个，用袖子一抹就塞嘴里了。这种柿子咬一口，汁就顺着嘴角往下流，里面全红透了，吃了又解渴又顶饥。有时看园子的人看见了也懒得说，满园子的柿子，娃们吃两个有啥？如果赶我们走，让其他大人听见了还会笑话他小气呢。有时我觉得城里人其实也挺可怜的，这么好的柿子他们却吃不到。"

听到这里，几个男生忍不住问韩铁柱："下回放假能不能跟你回你们老家待两天啊？"这时的韩铁柱满脸带笑，连声说"没问题，没问题"，他眼里的惶恐和不安再也看不到了，取而代之的是阳光和自信。

孩子，你拥有一片别样的天空，这片天空完全值得你为之自豪。

等待花开——用心，呵护你的成长

38. 他把班里的键盘背回了家

上午课间，林坤浩在办公室门口探探头，又缩了回去，鬼鬼祟祟的。我心里纳闷，就快步走出去，叫住了正犹犹豫豫要走的林坤浩。"有事啊？进来说吧。"林坤浩左右看看，压低声音说道："老师，我还真挺犹豫的：不说吧，很明显会影响他的学习，以后您和他爸妈知道了还不骂死我啊？说吧，一定会影响我俩的关系，算是出卖了朋友。我都憋了一天半了，难受死了。"

我越发纳闷："到底什么事让你为难成这样了？如果你相信老师，就先说说，然后咱们再看看能不能想个两全其美的办法。"林坤浩叹了一口气，下定决心说道："李航把班里的键盘背回家了。"

我没听明白，刚才我上课时还用多媒体了，班里的键盘在啊，李航怎么会把班里的键盘背回家呢？林坤浩看我不明白，就详细地给我解释："我不是拿着教室门的钥匙吗？李航是班里的电脑管理员，拿着电脑柜的钥匙。前天放学，大家都走了，李航还磨磨蹭蹭的，我等着锁门，就催他。没想到他竟然打开电脑柜拿出键盘塞进了书包，对我挤挤眼睛，求我保密。我觉得很奇怪，他解释说他妈不许他玩电脑，先是把鼠标没收了，他就用键盘打；这两天他妈又把键盘没收了，电脑彻底没法用了，只好用班里的键盘应应急。他保证早上早早到校，把键盘放回原处，神不知鬼不觉地，绝对不会被发现。"

我一听就火冒三丈，这个李航，原来他自告奋勇要当电脑管理员是别有用心啊，也亏他想得出来！

林坤浩看我生气了，更是手足无措了。我叹了口气，安慰他："你先别急，回教室后先别说什么，老师想想办法再说。"林坤浩走后，我极力克制着想立刻揭穿李航"画皮"的冲动，回到办公室冷静一下。

李航迷上网游已经不是一天两天了，家长为此和我沟通过，我还替家长出过很多招儿呢。家长既控制着他回家的时间，又彻底地堵死了源头，我这边则控制着他的在校时间。原以为会万无一失，现在可好，链条却从我这儿断了，我觉得对不起家长。

我想起前几天和一位老师一起下楼，走到楼梯拐角处，他正和我说着话，却敏捷地一闪身躲开了。看到我惊讶的样子，他不好意思地笑笑，解释道："打反恐精英都打得条件反射了。"一个成人都迷成了这样，更何况李航还是个孩子啊。想到这里，我冷静下来，开始理智地思考该怎么处理这个问题。

　　实话实说，李航自告奋勇担任电脑管理员后，工作认真负责，管理维护电脑及时有效，从没影响上课使用，还经常帮助像我这样的电脑"菜鸟"老师答疑解惑。再说他为大家服务了大半个学期了，把键盘背回家不才两次吗？我刚才说他别有用心可真是冤枉他了。

　　最后，我做出了两个决定：一是保护林坤浩，不能影响他和李航的友情；二是今天下午放学前必须解决问题，以免李航又把班里的键盘背回家。

　　下午课外活动时，我在操场叫住李航，他的脸上马上露出惶恐的表情。我装作没看见，满脸带笑地对他说："李航啊，老师要感谢你，你悄悄地做了好事，可还是被我的火眼金睛给发现了。"李航莫名其妙地看着我。

　　我继续说："前两天我发现班里的键盘挺脏的，落了一层粉笔灰。昨天放学后，我打算拿出来擦擦，结果没找到键盘。我一想就知道是你拿回家了，因为除了我这里有把钥匙，就只有你能开电脑柜了。当时我还纳闷呢，你把键盘拿回家干什么啊，今天上课一用电脑我就明白了，键盘变干净了，原来你和老师想到一块儿去了。"李航脸上红一阵白一阵，他吭吭哧哧地说："不是……其实我……"我打断他的话，爽快地说："别谦虚了，谢谢你啊。去活动吧。"

　　当天，班里的键盘自然好好地待在它该待的地方，还被擦得干干净净的，以后再也没有发生过类似的事情。

39. 咱俩定个协议吧

"手机给你了！李笑在测验时用手机作弊！"英语老师气呼呼地把手机重重地放到我的办公桌上，继续说，"让他家长亲自来拿！让家长看看他们的宝贝儿子到底把手机派到什么用场！"

李笑低眉耷眼地站在旁边，灰溜溜的，不敢吭声。我瞪了他一眼，有点恨铁不成钢，训斥道："忘了你爸是怎么给你买手机的？这么大的人了，怎么这么不懂事呢？回去告诉你爸一声，让他抽空来学校一趟！"李笑耷拉着脑袋继续站着，我生气地冲他喊："没听到吗？先回教室上课，明天把你爸来校的时间告诉我！"李笑心事重重地挪走了。

他爸妈在同一个厂子上班，很早就都下岗了。为了生计，他们就在家属区里开了个小饭馆，天天起早睡晚的，很辛苦，利润也薄。

李笑是班里同学中买手机较晚的一个。记得两个月前的一个晚上，都八点了——冬天的八点天都黑严实了，李笑的爸爸打电话给我，问李笑怎么还没回家。我吓了一跳，六点就清校了，这都过了两个小时了，别是出了什么事吧？我一边安慰李笑爸爸，一边给同学打电话了解情况。过了十多分钟，李笑爸爸的电话又打了过来，说他在路上接到李笑了，马上就到家，让我不要担心。我提着的心这才放了下来。

第二天，我问李笑是怎么回事。李笑说他把自行车钥匙弄丢了，本来想坐车回家，但保管站不让车子过夜，人家也要下班，他只好扛着车子回家，所以就晚了。我当时就责备他怎么不给父母打电话说一声，这让家长多揪心啊，李笑搔搔头皮说："我没有手机啊。"我狠狠地敲了一下他的脑门："找什么借口？不会找个公用电话吗？"他不好意思地笑了。过了几天，李笑很高兴地拿着一部手机给我看，说他爸给他买手机了，以后有事就能联系上了，图个放心。我很理解父母的心情。

可现在，这个李笑也太让我失望了！

第二天，我等着李笑来找我。直到下午放学，李笑才磨磨蹭蹭地来到办公室，说他没敢告诉爸爸。我刚想发火，他拿出一张纸递给了我。我展开纸，上面写着：

老师：

我知道自己干了一件蠢事，但现在说什么都晚了。

昨天英语测验时，一道小题里面有个单词我不认识，我发现英语老师正在专心看书，就想查查这个单词，没想到被老师抓了个现行。

我知道作弊很可耻，我也知道老师不会原谅我，但我不敢告诉爸爸。一想到爸爸早早花白的头发、总是显得疲惫的双眼、眼里的无奈和对我的失望，我就恨不得抽自己几个嘴巴。

老师，我没脸请求您的原谅，您想怎么处置我就怎么处置，就是没收了手机都行，我宁愿从此以后不用手机了，只是求您别告诉我爸。

李笑

看完后我没有说话，一直盯着李笑，他紧张地看着我。我长叹了一声说道："难得你还能体谅你爸爸。这样吧，咱俩定个协议。"李笑奇怪地看着我。我不理他，转身在电脑上打了一份简单的协议书：

协议书

甲方：李笑

乙方：张青娟

鉴于甲方考试用手机作弊的事实，为了教育甲方，督促其改正错误，经协商，甲乙双方同意就以下条款签订本协议：

一、甲方保证以后手机除用于正常通信外，不在上课时间派到其他与学习无关的用场。

二、甲方保证每天至少一次想想老爸的白发和疲惫的双眼。

三、甲方保证上课认真听讲，按时保质保量完成各科作业。

四、甲方若能遵守以上三条，乙方应保证不把甲方考试作弊一事告诉甲方家长。

五、甲方若有违反，本协议终止，乙方可请甲方家长来校解决甲方作弊问题；乙方若有违反，应在家长和全班同学面前诚恳地向乙方道歉。

六、自签订协议之日起，至期中考试止，若甲方一直认真履行本协议，且期中考试成绩上升五个名次，本协议将自动失效。

甲方：　　　　　　　　　　　乙方：

年　月　日　　　　　　　　　年　月　日

我把打印出来的协议书递给李笑，李笑看完后不相信地看着我。"愿意签这个协议吗？""愿意愿意。"李笑点头如捣蒜，唯恐我改变主意。"有没有要补充的？能做到吗？""没有补充。那我现在就签？"我又打印了一份，郑重其事地在乙方处签上名字，填上年月日，然后递给李笑。李笑接过去，一笔一画地写上了他的名字。

　　"咱们一人一份，这件事就这么处理了。"我对他说。李笑怀疑地问我："是不是不用跟我爸说了？""当然。"李笑脸上的愁云一扫而空，高兴地蹦了一个高。"谢谢老师。那我回家了，老师再见。"说着就往外跑。"等等。"我一边喊他，一边拉开抽屉。"老师反悔了？"李笑脸上的笑容又僵住了。"我说话算数，把你的手机拿回去吧。再提醒你一句，注意遵守协议。""知道了——"我笑着摇了摇头。

　　后来，李笑表现得一直很好，期中考试上升了十二个名次，我们签订的协议自然就终止了。

40. 孩子，我会耐心地等着你进步

早自习，我在检查同学们预习作业的完成情况。

路勇的作业做得真糟糕。他只潦草地填了选择题的答案，主观题竟是一片空白。我问他这个题为什么选 A，B、C、D 三个选项错在哪里，他搔搔头皮，指着书说："第一题我知道，B 里的这个读音不对，C 里的这个字写错了，A 和 D 选不出来，就蒙了一个 A。"

我继续问："其他选择题你都知道是怎么选出来的吗？"他茫然地摇了摇头，诚实地回答："其他都是蒙的，我都不会做。"我看着他，不知该说什么。

"老师，他以前从不做语文作业，原来那个语文老师都不管他了。现在算是进步了，他都开始做语文作业了。"同桌替他说话。我不相信："真的吗？"他使劲点头："真的，我高一大半个学期都没写过语文作业，老师都放弃我了。"

路勇是文理分科后调到我们班的，很难相信一个上了高二的孩子，语文程度会是这样！高二的第一次作文，要求写一篇不少于 800 字的文章，路勇交上的作文连空格都算上也不到 500 字。本子上的所有字都向一个方向斜过去，段与段之间压根不相干，错别字满篇，通篇的标点全都是一个小点。怎么批改这样一篇作文呢？

路勇开始做作业了，这怎么也算个进步吧，不能让他丧失了慢慢改进的勇气和信心。所以，我决定不用触目惊心的红笔批阅，不用死板的面面俱到的方法批阅，我要采用一种梯度渐进的、当面批阅的方法来批阅这篇特殊的作文。

于是，我和路勇面对面坐着，我们一字一句地读着他那篇蹩脚的作文，目标只有一个——捕捉并修改错别字。我用铅笔在他写错的地方每写上一个正确的字，就抬头看看他，直到他点头了，我才继续；他如果发愣，我就再讲讲。一篇不到 500 字的短短的作文，我们花了半个多小时才改完错别字，而且还忽略了稍微复杂的"的""地""得"的用法。

"请你把这篇作文的错别字改正后再重新抄一遍，行吗？""不用重写？就抄一遍？"他不相信地问。我肯定地点了点头。

过了两天，路勇拿着重新抄好的作文来找我。我们又面对面地读起了文章，读不下去的地方，我拿起铅笔把那些病句一一改过来，让路勇再读，果然顺畅了许多。

"请你把这篇作文的病句改正后再重新抄一遍，行吗？"

……

半个学期了，其他同学写了四篇作文，路勇只写了这一篇，但这是一篇经过了四次修改的作文，是一篇文从字顺的文章，是路勇上高中以来水平最高的一篇文章。

路勇艰难地、跌跌绊绊地前行着，进步虽慢，可毕竟是在进步着。

路勇买了一本翻译书，学古文时就拿出翻译书来看翻译，我不让他用这种办法，但他说不看翻译就什么也看不懂。我用学骑车打比方，如果总要别人扶着，自己就一辈子也学不会骑车。他听明白了，放下翻译书，拿起了课本。可是不一会儿，他又泄气地扔掉课本，重新拿起了翻译书。我看着他，什么也没说。他自己叹了口气，又重新拿起了课本。

学《论语》时，路勇搞不清楚古汉语里的倒装句式是怎么回事，就主动举手询问。没有基础的他要搞清楚这个问题的确不易，我讲了半天，他还是不懂。我忍不住轻轻地叹了口气。路勇很敏感地问："老师，您是不是觉得我不可救药了？前两天您还说我们要有点孔子'知其不可而为之'的精神，您不能泄气，不能放弃我。再说我还没到'不可'的地步呢。"我笑了，和他开玩笑说："这话用得真是恰当，可见语文水平在突飞猛进啊。"

经过锲而不舍的再三询问，路勇竟然搞清楚了倒装句式，而班里还有些同学对这个问题糊里糊涂呢。

一天自习，路勇问同桌一个语文问题，同桌解释了半天，路勇还是不明白。同桌丧气地把书往桌上一扔，说道："我觉得我就是在对牛弹琴！"路勇一本正经地问道："那你是说我是牛了？可'对牛弹琴'到底该是人的问题还是牛的问题？再说你能确定牛听了音乐后真的无动于衷吗？"同桌竟呆住了，无言以对。我听了忍不住为路勇叫好。

快一个学期了，路勇还是班里语文最差的几个孩子之一。但是学习是一辈子的事，我们没有必要计较一时一地的得失，完全可以把眼光放得更远一些。

孩子，我有足够的耐心等着你进步。

41. 孩子，让我们一起坚持

大屏幕上出现了以下内容：

> 播种行为，收获习惯；播种习惯，收获性格；播种性格，收获命运。
>
> 习惯决定性格，性格决定命运。
>
> 别让你"只想不做"的"习惯"影响了你的"命运"！
>
> 性格也是一种成本，但这是一个比生产成本、销售成本、管理成本等更隐性、更难掌控的成本。
>
> 让我们播种一种行为吧！

我看着大家，有意识地停顿了一会儿。同学们有的默看，有的轻声读着，性子急的已经交头接耳地议论开了。

"老师，什么性格、命运的，这也太抽象了！"炮筒脾气的李康首先喊了起来。其他同学纷纷点头，响应者一片。我不动声色，点了一下鼠标，屏幕上出现了新的内容：

> 一、每天早上跑两圈。二、每天看两页书。三、每天写 200 字。四、每天记五个单词。五、……

"这是什么意思啊？"李康又嚷开了。我解释道："首先，大家可以接着第五条继续往下补充；然后，从中选择一个坚持做下去。""就这样？"我淡定地回答："就这样。""这也太容易了吧？"我继续说："原本就不难啊。这样吧，课后我把这几条贴到后边的学习园地里，大家可以随便往下补充。两天后，根据大家补充的情况选择一项，开始行动。"

接下来的两天里，我看到大家补充的内容在不断增加：有人添上每天练字一页；有人补上每天对老妈说一声"辛苦了"；有人写上"每天出门前对着镜子微笑，要尽量发自内心"；有人加上为了减肥，每天跳绳 100 下；有人在"每天早上跑两圈"后边画上括号，补充上"特殊天气除外"……

两天后，在征求了大家意见的前提下，要求每人从中选择一项，最多选择两项，付诸行动。选择同一项的同学组成小组，选出一个小组长，在自律的基础上互相督促。每周小组内小结，一个月后全班回头望，检查各组坚持的情况。如果实在坚持不下来，允许中途退出。

"老师不能置身事外吧？怎么也得选一个吧。"有人将了我一军。其实，我早就考虑过了："我选两个：一是坚持每天更新博客，不能少于500字；二是坚持每天和选择锻炼的同学一起跑步，至少两圈。"

于是，每天早上，操场上都能看到我们班的同学或跑步（我当然也在其中），或跳绳；教室里也能看到我们班的部分同学在闷头背书；至于晚上回到家里，相信还有更多的同学在为自己的选择辛勤地劳作。

第一周，各组反馈的结果良好，所有同学都表现完美。

第二周，选择了暴露在众目睽睽之下项目（比如跑步、跳绳）的同学，依然表现良好；但选择了那些需要独立完成项目（比如练字、读书等）的同学，有些是在小组检查之前才突击完成的。

第三周的周五，我忙碌一天后回到家已经凌晨一点了。马马虎虎洗了把脸，我就累得瘫到了床上。可是，一想到我选择的每天更新博客的项目，我躺不住了。但因实在太累，我给自己找了个借口：周五已经过去了，现在已经是周六了，时间不会倒流，索性周六一下发两篇得了。虽然这么想着，但我还是躺不住，强睁开眼睛，坐到了电脑前。

第四周，我向大家解释了我周五迟发博客的原因，也坦陈了自己的挣扎。选择每天读两页书的李静玲安慰我说："老师也不要太自责了，我周日读了六页书，因为周二、周四作业太多，没能坚持。"王红卫接了一句："我觉得一周能完成总量就行了，没有必要非得天天坚持。"没想到点头的人很多。

我和大家商量："我们之所以选择每天，就是为了和我们的惰性斗争，就是为了养成一种习惯，进而养成一种品质。如果把每天延长为每周，那会不会再把每周延长到每月？最后也许就不了了之了。大家想想有没有这种可能？"孩子们渐渐低下了脑袋。

"本来我觉得每天坚持跑两圈太简单了，随随便便就可以跑上个五圈八圈的。可是，还不到一个月，我就觉得有点艰难了，尤其是早上，能在被窝里多赖上五分钟，真是非常幸福的一件事。"

"我的字太烂了，我想通过练字一来可以改善我的书写，二来也可以磨磨我的性子。但有时候事情真的很多，我总想拖到第二天。"

……

"我知道很难。但是，让我们一起加油！有没有信心？"

"好吧，我们继续努力！"

第二个月，天气慢慢冷了，天也亮得晚了，有两个同学的家长给我打电话，说心疼孩子，希望他们能多睡一会儿，不愿意让孩子提前十分钟到校跑步了。中途，还有几个同学悄无声息地中断了自己所选的项目。既然我们有话在先，可以随时退出，我虽然感到遗憾，但还是平静地接受了这样的结果。

令我感到欣慰的是，随着时间的推移，选择运动的大多数同学，如果哪天不跑步，就会浑身不自在；选择写 200 字的同学，大多数早已突破了 200 字，还有人有了另一种苦恼，即一提笔就洋洋洒洒刹不住车；选择读书的同学，有的已经读完了四本书……我想，更重要的是还有很多我们看不到的隐性的变化。

孩子，我愿意和你们一起坚持下去，哪怕最后只剩下一个同学，老师也一定陪伴。

等待花开——用心，呵护你的成长

42. 面对批评，脸皮不妨厚点

历史老师气呼呼地走进了办公室。原来刚才课堂检测时，姚远没有好好写，历史老师用书在他头上轻轻拍了一下，提醒他认真点。没想到姚远拿起本子，"啪"的一下拍在桌子上，声音之响亮把全班的视线都吸引了过来。大家惊讶地抬起头看着历史老师和姚远。历史老师自然生气了，批评了姚远两句；姚远竟压根不写了，后来干脆趴在桌子上睡了。

认真、负责的历史老师从来没遇到过这样的事，气得连话都说不利索了。姚远平时也不是个刺儿头，今天怎么会如此过激呢？我安慰了历史老师，就去找姚远了解情况。

一进教室，我发现姚远的同桌正在声讨他："你说你那么冲动干吗？我一直扯你的衣服，你竟把我的手打掉！你到底哪根筋搭错了？"后边的女生也在帮腔："今天是过分了啊，平时老师对你挺好的，还挺欣赏你。你怎么能那么对待老师呢？"

姚远正一脸懊恼地呆坐在座位上，一声不吭。看着姚远失魂落魄的样子，我让他先想想，想清楚了再找我聊聊。

第二天，姚远拿着满满两页检讨书来找我了。原来，昨天的课堂检测内容是历史老师前天布置的作业，他本打算晚上回家复习，可是爸爸妈妈大吵了一个晚上，在这种情况下，他还有什么心情学习？

昨天检测时，好多题他都不会，心里正窝火，怪爸妈，更怪自己没有定力。正在这个时候，历史老师用书拍了拍他的头，他突然就像点着了的鞭炮，觉得整个世界都在和他作对。被老师批评后，他心里更难过了，感到没人理解他的苦恼，干脆破罐子破摔得了。这么一想，他就趴在桌子上，没想到最后竟睡着了。

姚远低着头说："我知道错了，我去向历史老师道歉。"

有些同学挨了批评后，直接跟老师顶嘴；有的嘴里不说，但满脸的不服气；有的则冷着一张脸……本来鸡毛蒜皮的一点小事，最后竟然影响到师生之间的关系，搞得彼此都不愉快。能不能以此为契机，找到处理这类问题的途径呢？

想到这里，我问姚远："你不介意让大家讨论一下这件事吧?""有什么好介意的?反正大家都知道了。""那好，让大家一起受受教育。等处理完了，你再去向历史老师道歉也不晚。"讨论就此展开。

"明摆着，姚远做得不对。"

"历史老师看到有人打盹，或者开小差了，如果是男生，就拿书轻轻拍拍他的头提醒，如果是女生，就轻轻敲敲桌子提醒。这个大家早习惯了，不知道姚远昨天怎么那么冲动。"

"历史老师挺负责任的。如果她对不学习的人视而不见，难道我们就会满意了?"

"就是，姚远必须向历史老师道歉。"

班里最理智的王凯旋慢条斯理地说道："其实，我觉得男生的脸皮可以适当厚一点。挨老师批了，如果自己做错了，就冲老师笑笑，赶紧改过来就行了。就算老师批评错了，如果不是原则问题，就没必要较真，大可一笑了之;如果真觉得有解释的必要，可以课后和老师沟通，心平气和时问题容易得到解决。""这点可取。我在这方面完全可以做姚远的榜样。"经常挨批又屡教不改的李豪一本正经地说。

我心中一动。李豪身上的毛病不少，上课爱开小差，作业写得乱七八糟，还真是一个经常被老师们挂在嘴上的批评对象，可没有哪个老师真讨厌他。刚才，生物老师回到办公室说刚刚批评了李豪一顿，没想到一下课，她正给同学解答问题，发现班里响起了一阵笑声。她莫名其妙地抬头观察，才发现李豪正在她身后，伸出手指在她头上比画了两只角的样子，逗得大家都笑了，她也笑了。李豪就是这样一个"活宝"，对他，没人能真的生起气来。

师生之间的小矛盾、小摩擦没有办法完全避免，有时也就一个小小的误会。如果大家都像李豪这样面对批评，师生之间就没有什么过不去的沟沟坎坎了。

想到这里，我说："我赞成王凯旋的说法:如果被老师批评了，男生的脸皮可以厚一点。在这一点上，李豪真的可以做大家的榜样。没什么大不了的，大家完全可以'有则改之，无则加勉'，把矛盾化解在萌芽状态。女生的脸皮薄，要做到这一点也许比男生困难一点，但也不是完全做不到。我希望咱们班同学在面对批评时都能脸皮厚点，当然不是说屡教不改。希望大家引以为戒，也希望姚远以后能妥善处理类似问题，虚心接受批评。生活不会一直顺风顺水，承挫力也需要培养。"

姚远轻轻地点了点头。

43. 一场骗局

我给同学们提供了这样一个情境：

"你是王晓亮的妈妈吗？我是校医。王晓亮早上在学校晕倒了，现在送到了第一人民医院，经诊断是胃穿孔，出血量很大，要紧急手术，王晓亮还一直昏迷不醒。"

王晓亮的妈妈双腿发软，电话里说要交两万元押金，校医身上只有几千，远远不够。王晓亮的妈妈赶紧筹钱，准备往学校赶。

在筹钱的过程中，电话又响了，说还是把钱汇到医院快一点，人赶过去怕耽误了时间。王晓亮的妈妈说马上汇，很快手机上就收到了一个叫高玉萍的人的账号。

王晓亮妈妈的同事提醒道："为什么要汇款啊？带现金不是更好吗？别是个骗局吧？"

王晓亮妈妈心里一动，这才想到打电话问问儿子，电话通了，但没人接，她又急忙打儿子班主任的电话，班主任听后很奇怪："是吗？我不知道啊。这样吧，我给班长打个电话问问。你先别着急。"

电话响了，是王晓亮打来的，说刚才上课呢。

"老师，这种骗局太小儿科了，想不通怎么会有人上当。"

"这么详细的信息怎么让骗子得到的？搞清楚是谁泄露的，投诉他！"

"是的，还可以让媒体曝光，让骗子的骗术暴露在光天化日之下，避免更多的人上当。"

"老师，我有个问题：利用家人车祸或生病来诈骗的事早就不新鲜了，王晓亮的妈妈怎么会一点都没怀疑呢？"

我解释道："我们上大学时，生病了先去校医院，小毛病也就解决了，万一病得比较重，就要转到外边的医院，由校医来通知这个事情挺靠谱的，此其一。还是我们上大学那时候，一个辅导员管理一个系的好几个班，有什么事都是通过班干部，几个月见不到辅导员一面也不是什么稀罕事儿，现在的班主任大概就相当于当初的辅导员，所以班主任没通知家长好像也讲得通，此其二。一个母亲遇到这种事总容易乱了方寸，此其三——这也是最重要的一点，骗子就是利用了人们的这种心理。"

外号叫"福尔摩斯"的曹静楠说话了："这个骗局也不是毫无破绽。王晓亮的妈妈有好几次机会可以识破骗局的：一是既然手术得家长签字，即使把钱汇过去了，还不是要等家长赶到了才能签字手术吗？二是发来的账号是私人的，不是医院的；三是给王晓亮打电话没人接也不正常，如果真的生了这么严重的病，一定是同学送到医院的，即使本人接不了电话，旁边的同学也应该接一下，不会任电话响着不管不顾。"

"遇事保持冷静很重要，千万不能乱了阵脚。"大家纷纷点头，表示认可。

看同学们说得差不多了，我对大家说："有手机的同学举手示意一下。"大家面面相觑，想不明白我怎么从骗局一下子过渡到了手机上，但还是配合地举起了手。我转身把我的电话号码写在黑板上，提醒道："今天回家后，就把我的电话号码告诉家长，再把班上你们几个好朋友的电话告诉家长，万一有什么事，家长就可以很方便地打电话了解情况了。"

44. "小确幸"

第一次从张浅的作文中看到"小确幸"这个词时，我的笔在这个词旁边停顿了好一会儿。老实说，我不知道这个词是什么意思，怀疑是张浅写错了。但是，在新词新语层出不穷的今天，我提醒自己要做个虚心好学的人，于是我百度了一下——唉，我果然又孤陋寡闻了。

"小确幸"的意思是微小而确实的幸福，出自村上春树的随笔，由翻译家林少华直译而进入了现代汉语。

看了解释，我一下子喜欢上了"小确幸"这个词。为了让学生也喜欢上这个词，并能从生活中感受到这种"小确幸"，于是，一场名为"小确幸"的主题班会开始了。

当屏幕上出现"小确幸"三个字的时候，很多同学都像我第一次看到它时一样，感到莫名其妙。我说："请张浅给大家解释一下'小确幸'的意思。"

张浅解释了这个词的大概意思，我问张浅是从哪里学到这个词的，她说看书时看到了，比较喜欢，就记住了。我表扬了张浅，并称她是我的老师，因为我是从她的作文里学到了如此美好的一个词，所以我要谢谢她。我又补充说，这个词出自村上春树的随笔集《兰格汉斯岛的午后》。

我一点鼠标，屏幕上出现了一行大字：幸福有时来自比较。接着是一篇文章的片段：

> 生病的经验是一步步懂得满足。发烧了，才知道不发烧的日子多么清爽。咳嗽了，才体会不咳嗽的嗓子多么安详。刚坐上轮椅时，我老想，不能直立行走岂不把人的特点搞丢了？便觉天昏地暗。等又生出褥疮，一连数日只能歪七扭八地躺着，才看见端坐的日子其实多么晴朗。后来又患尿毒症，经常昏昏然不能思想，就更加怀恋起往日时光。终于醒悟：其实每时每刻我们都是幸运的，任何灾难前面都可能再加上一个"更"字。

（史铁生）

同学们接触过史铁生的文字，对他不算太陌生。我说道："职业是生病、业余写一点东西的史铁生，在很多人眼里都是苦难的化身，但把幸福的底线定得这么低，他的生活中一定不乏幸福的体验吧？也许有人认为这样的生命不要也罢，死亡反而会是一种解脱。但是，史铁生还说过一句话——"（屏幕上出现了一行文字）

死是一件不必急于求成的事，死是一个必然会降临的节日。

（史铁生《我与地坛》）

"史铁生珍惜生命，坦然面对生命中的一切磨难，用心感受生命每一个阶段带给他的独特体验，给我们留下了宝贵的精神财富。和他相比，我们的人生是不是幸福了很多呢？"接着，屏幕上出现的是"说说我生活中的'小确幸'"。

我启发道："很多人想当然地以为学生时代是无忧无虑的，是最幸福的。但是，老师知道你们也有各种各样的烦恼，如成绩不理想、同学关系不融洽、父母不理解等。在你们这个年龄段，这些烦恼其实丝毫不亚于成人世界的烦恼。但是，如果我们用心去感受，就会发现我们生活中更多的还是幸福，哪怕只是'小确幸'。"很多同学若有所思。过了一会儿，大家开始交流。

"课间，我无意中发现花园里的柳树发芽了，朦朦胧胧的一片绿意，我从中看到了生机。我觉得这是一件挺美好的事。"

"中午我去吃饭时，老板往我碗里放的肉比平时多。"

"数学老师今天表扬我了。"

"我爸爸说周六让我把臭豆腐吃个够。"

"我买了一件绿色的体恤，大家都说跟我的肤色很配。"

"早上在公交车上，我把座位让给了一位老奶奶，老奶奶手里牵着的小孙子礼貌地说'谢谢小姐姐'，听得我心里好舒坦。"

"今天的小测验，我第一次拿了满分。"

……

生活中的这些"小确幸"，是流淌在生活的每个瞬间且稍纵即逝的美好；当孩子们将这些"小确幸"拾起来的时候，也就找到了最简单的快乐！

我无法减少孩子们生活中的种种烦恼，我所能做的就是尽量不让他们感受幸福的能力退化。

等待花开——用心，呵护你的成长

45. 今夜没有暴风雪

期中考试结束了，周五要召开家长会。

我不想在高中第一次家长会上，看各科老师走马灯似的说说要求，谈谈成绩，我再老生常谈，介绍一下班级的概况。我一直怀疑这样的家长会到底价值多大，成效几何。我不想让那些排名靠后的孩子及其家长只获得挫败感。所以，我就提前做了大量准备。

首先，我把班上每个孩子都在心里过了一遍，找出他们的闪光点，每个孩子不少于三个，不设上限。我要求自己尽量把孩子们的闪光点记录得具体些，比如对于一个成绩较差但字写得很漂亮的孩子，我用了很多溢美之词，赞美她的作业让老师们赏心悦目，批改她的作业简直就是一种享受。在这个过程中，有两三个孩子，我想了又想，才凑够了三个优点。

其次，我要求孩子们以亲情为主题写篇周记，要有真情实感，杜绝编造。大多数孩子都写得不错，我看后很感动。例如：

> 前两天我又和妈妈吵架了。看着妈妈红着眼圈默默擦桌子拖地的样子，我心里酸酸的。我在心里对妈妈说了无数遍"对不起"，但是我却没有勇气说出口。妈妈，我的内心其实并不像我经常表现出来的那么冷冰冰的，只是我还没有找到让你知道的办法。

> 妈妈五年前去了天堂，爸爸一个人带着我和弟弟。他经营着一家小卖铺，起早贪黑地忙碌。爸爸忙完外边，回到家里还要给我和弟弟做饭、洗衣、检查功课，他看起来明显要比同学的爸爸衰老。其实，我真想对爸爸说，您不用过多考虑我和弟弟，您应该找个人一起过日子。

> 寒假，我陪着妈妈去医院看病。量血压的时候，我帮着妈妈脱掉外套，妈妈里边穿的毛衣让我觉得太丢人了，脸一下子烧了起来。那是我好几年前淘汰的，妈妈穿着明显太瘦，紧紧地箍在身上，卡通图案对妈妈来说也极不合适。妈妈，将来我挣了钱，一定给您买最好最贵的衣服。

昨晚，爸爸咳嗽得很厉害。爸爸烟瘾很大，烟龄很长，抽烟也许是他舒缓压力的一种方式吧。我真想对爸爸说，为了身体，您还是戒烟吧。

……

家长会终于要开了。

黑板上写着一行美术字：您了解您的孩子吗？大屏幕上循环展示着孩子们周记中的片段，背景音乐是一组唱给爸爸妈妈的歌曲。每个座位上都放着孩子们的周记，还有我做了精心修饰打印出来的卡片，上面写着每个孩子的优点和半个学期以来他们在学校、班级各项活动中取得的成绩。

每个走进教室的家长都有点惊讶，但当他们走出去时，脸上都若有所思，还有的红着眼眶。

会后，我收到了来自家长的很多反馈，有的说那个总是惹自己生气的孩子原来并不是一块木头啊，有的反思平时对孩子的教育方法简单粗暴，有的说没想到孩子也承受了那么大的压力……孩子们的反馈也让我感动，尤其是那些成绩不理想的孩子，说这是有史以来唯一一次会后"没有暴风雪"的家长会。

我不奢望一次家长会就能填平代沟，但是，我的努力起码暂时在两代人之间的这道沟上架起了一座桥梁，让两颗心有了相互理解的可能。

等待花开——用心，呵护你的成长

46. 愿大家童心永驻

　　早上一进教室，我就发现后黑板的"涂鸦角"写着几行字，是歪歪扭扭的儿童体："祝各位童鞋节日快乐。今天表现好的童鞋，每人会奖一包妙脆角哦。"旁边画着一个垂涎三尺的大脸妹。我不觉笑了，为的是大家的童心未泯。

　　今天是六一儿童节。我原本以为，这个日子对已上高二的同学来说，也就只是一个曾经的节日，他们该过的早就是"五四"了。没想到他们竟依然热衷于这个日子。而我，在每年的这个日子，不也会回忆起自己小时候的儿童节吗？

　　我拍拍手，班上静了下来，我说："祝大家节日快乐！"底下马上响起了"嗷嗷"的叫声、噼里啪啦的掌声，还有"祝老师节日快乐"的问候声。

　　我听任他们闹了一阵，下边终于安静了下来。我继续说："下午自习课，咱们集体过儿童节。大家可以先回忆一下你们小时候的儿童节是怎么过的，我们让时光倒流，集体重回儿童时代。"在第二轮喧闹响起来之前，我赶紧逃离了教室，免得耳朵被震聋了。

　　下午自习课，我先在黑板上写上"吃喝玩乐"四个大字，然后转身对大家说："为了避免杂乱无章，我们的回忆就围绕这四个字进行，先'吃喝'后'玩乐'。可以吗？"

　　李玲迫不及待地站了起来："不知大家还记得娃娃头雪糕吗？五毛钱一根。咖啡色的帽子是巧克力味，白色的脸蛋是奶油味，这可是我小时候夏天的最爱了。"点头的一大片。有人干脆伸出舌头舔了舔嘴唇，一副馋猫的样子。

　　"大白兔奶糖是我吃过的最好吃的糖了，听说几颗就可以冲一杯牛奶。小时候的大白兔奶糖包装简单、朴素，只要轻轻剥开糖纸，就能闻到浓郁的奶香味。今天的大白兔奶糖好像没有小时候那个味道了。"

　　"还有棉花糖。一小勺白糖打成糖丝，然后卷成白色、粉色、黄色的大朵棉花，入口就化。每天放学，我都要买一个，边走边吃。"

　　"还有大大泡泡糖。每次嚼完甜味，我就鼓着腮帮吹，吹得腮帮子都麻了，也吹不出一个泡泡来，又舍不得吐掉，最后都嚼得犯恶心。我到现在都没学会吹泡泡。"

"还有五毛钱一包的虾条。"

"旺仔 QQ 糖。"

"小浣熊干脆面。为了集齐里面的卡片，我偷偷把面扔掉，让老妈用鸡毛掸子狠揍了一顿。"

"我小时候喝的最高级的饮料好像就是我妈冲的橘子汁了。"

"用酸梅粉冲的酸梅汤，酸酸甜甜，夏天最解渴了。"

"冰峰汽水。"

……

"该说'玩乐'了。我先说动画片，我最喜欢《海尔兄弟》，看他们总穿着内裤，就纳闷他们难道就不怕冷吗？"

"《聪明的一休》。'格叽格叽格叽格叽格叽格叽格叽，我们爱你；格叽格叽格叽格叽格叽格叽，聪明伶俐……'" 直接成了全班大合唱。

"《黑猫警长》。'眼睛瞪得像铜铃，射出闪电般的机灵；耳朵竖得像天线，听着一切可疑的声音……'"

"《大力水手》。我以前不吃菠菜，看完《大力水手》后便爱吃菠菜了。"

……

"我们为什么会回忆童年呢？大家觉得今天的回忆有意义吗？"我问大家。"童年是今天枯燥的学习生活的一种调剂。""童年能让我们对世界充满好奇。""回忆童年能让我们用乐观的心情做事，用善良的心肠待人。""拥有童年，你的人生一定会比别人快乐得多。"……

我总结道："我们每个人都有着对童年的记忆，内心深处或多或少都有一份对童年的不舍和眷恋。我们需要有'六一'这样一个日子，重新唤回童年最美好的回忆。在这个快节奏的社会里，保持一颗童心有利于我们的身心健康。如果人人都保留一份童心，那么人际关系就会简单得多。一个人的一生，如果一直有童心相随，那么这个人的幸福可能比其他人多得多。老师希望大家能够永远保持一颗纯真的童心，在你们以后所有的岁月中，每到这一天，都能重温一下童年的记忆。最后，老师提议大家一起唱几首童年时唱过的歌吧。"

"小燕子，穿花衣……"秦虹带头唱，全班跟了上去，"年年春天来这里，我问燕子你为啥来……"

锦上添花

——引导，让优秀的孩子更优秀

47. 孩子，生活中不是只有成绩

上周六刚刚进行了月考。周一坐顺风车到校，提前了一刻钟，心想正好彻底搞搞卫生。到了办公室门口，发现班里的心悦站在那里，手捧着英语书，正在背单词。

我奇怪地问："这么早？有事吗，心悦？"心悦看到我，合上书，推推滑下来的眼镜，紧张地问："卷子改出来了吗？我考了多少分？在班里排第几？在年级排第几？"

我打开门，和她一起进了办公室。"你这么早等在门口就是为了问这个吗？"心悦连连点头："昨天晚上我本想打电话问老师的，怕耽误老师休息，就硬忍住了。早上早早来校，就是为了早点知道分数。""没有必要这么心急啊。你想，周六考完后，老师都把试卷带回家里去改，今天到校后才能汇总。"我耐心地向她解释。

"怎么这么慢？那我的语文考了多少分？""你的语文考得不错，90分。尤其是基础知识，答得非常好，几乎没失分。祝贺你啊。""排第几？"心悦又紧张地推推架在鼻梁上的眼镜。"班里第二，也是年级第二。只比第一名低了两分。"心悦眼里的光芒一下子黯淡了许多，她的眉毛耷拉了下来，接着头也低了下去，嘴里嘟囔着："这么差，又是第二！"

我看着情绪低落的心悦，拍拍她的肩膀，真心实意地称赞她说："这怎么能叫差呢？你的成绩一直很稳定，总在年级前三，你应该感到高兴才对啊。"

"我怎么能高兴得起来？上次月考我排第三，我难过了很久，于是更加努力地学习。这次我给自己定的目标是冲一保二。语文低了两分，希望就渺茫了两分。"

我看着眼前这个女孩，头发毛毛糙糙地披在肩膀上，藏蓝色的校服皱皱巴巴的，脚上是一双原本白色、现在已经变污了的球鞋。她不讲究吃穿，只一门心思埋头学习，是老师用来教育学生的样板；她从不惹是生非，成绩在年级名列前茅，是家长的骄傲。同学们提起她来，又摇头又赞叹，说她是超人：十二

点以前就没睡过觉，白天依然精神抖擞，目光炯炯地盯着讲台上的每一个老师，从不打盹。可是，我怎么突然有点可怜这个生活中除了学习似乎就什么也没有了的女孩呢？

我拍拍她的肩膀，拉她参观一下我在办公室养的几盆花。我指着一盆蝴蝶兰问她："你认识这种花吗？"她漫不经心地瞟了一眼正在绽放的蝴蝶兰，不解地看着我，摇了摇头。"你看这花，像不像一只翩翩起舞的蝴蝶？这花就叫蝴蝶兰，多美。"我又指着一盆花说："来，你碰碰看。"心悦心不在焉地伸手碰了碰叶片，一股浓郁诱人的香气立刻传了过来。她有点惊讶地抽抽鼻子，用力嗅了嗅。我开心地说："好玩吧？这花就叫'碰碰香'。"

我指着窗外的桐花让心悦看："你看那满树的桐花多漂亮，多绚烂。台湾有个名叫蒋勋的美学家说过，这世界不需要两种同样香味的花。一种花一旦'拷贝'了另一种花的香味，它的生命就走到了尽头。每一种花香都是一个绝无仅有的存在。所以，闻花香就是一件非常幸福的事情。"

我收回视线，看着心悦说："人生有很多有意义的事，学习只是其中一件。在学习上你已经做得很好了，没必要对自己这么苛求啊。"

心悦不解地问道："老师，人不是应该严格要求自己吗？再说，就是在学校排第一名，在全区会排第几？全市呢？全省呢？高考时我要和这么多人竞争啊，不努力怎么行？"说完，心悦偷偷地瞥了一眼手腕上的表。

我暗暗叹了口气，依然做着努力："今晚回家后，你可以把校服熨烫得平展一些；到了周末，你还可以去理发店剪个漂亮的发型。春天到了，我们可以换个新的形象，也让自己有一份好的心情，这样才不会辜负这大好春光啊。"

"我不能把时间花在这些无聊的事情上。这次语文已经落后了，我要更加努力，下次才有可能冲到第一。"碰到一个把学习看得如此重要的学生，我却一点也高兴不起来。

心悦又瞥了一眼手腕上的表，其实这时离上操还有五分钟呢。我只好说："不要太把分数放在心上。去吧。"心悦如释重负地说了一句"老师再见"，就匆匆地向门外走去。我目送着她，看到她边走边翻开了英语书。

孩子，也许过段时间你就会明白，生活中真的不是只有分数才重要。我期盼着你早日明白这个道理。

48. 孩子，你不能那么做

"老师，我要换座位！"静雅气呼呼地对我说。

"坐得好好的，为什么要换座位啊？"我不解地问。

"我就是不想跟刘子真当同桌！除了她，跟谁坐都行！"她还是气呼呼的。

"总得有个原因吧。刘子真学习那么好，你还方便向她请教呢。"我还是不解。

"向她请教？除非太阳从西边出来！上次化学月考，考完后她说卷子里有两道大题都是她在一本参考书上做过的。我化学最差，就求她把参考书借我看看，没准儿下次我就能'放个卫星'，让全班刮目相看。她支支吾吾地说没带。我说：'那你明天带来让我看看好吗？'她不太情愿地点了点头。我早就习惯她这么小气了，就没放在心上。第二天，我一到校就眼巴巴地看着她，她该干啥干啥，好像压根儿不记得我借书的事了。我只好再说一遍，她却说书找不着了。我就问她是在哪个书店买的，我周末去买一本，还可以给她再带一本。她说书是别人送的，她也不知道。可是，刚才自习课上，我看到她拿着一本书躲躲闪闪地看，以为她看什么好玩的书呢，就趁她不备，抽了过来。原来就是她说的那本丢了的化学参考书！"

原来静雅就是为了这个要换座位的。"别那么大火气，你先回去吧，老师考虑考虑。"静雅的话让我想起刘子真的一些事情。

她的成绩不错，大家选她做学习委员。她只干了一周，就找我坚决要求辞职。说她自从当了学习委员，心理负担很重，总是担心万一哪次没考好，就没脸在班上做人了。压力太大，晚上都有点失眠了。

我没想到情况这么严重，也没想到她的心理素质这么差。为了不加重她的负担，我就换了一个学习委员。但后来，有同学向我反映，刘子真私底下说过，当个破学习委员，整天就是收作业、发本子，瞎耽误工夫，影响学习。

轮到刘子真值日时，她擦黑板总是马马虎虎的，随便抹两下了事；讲桌上一层粉笔灰，板擦、粉笔盒、作业本胡乱扔在上边，她总能做到视而不见。为此，我没少批评她。

有一次，一些新加坡学生来校交流，最后一节课安排的是跟我们班同学互动，课后他们要赶往其他地方参观。当时气氛很热烈，刘子真和一个新加坡女孩聊得很投机。下课铃响后，其他的新加坡同学都坐上车等着了，刘子真还拉着那个女孩说个没完。催了两次，她都像没听见似的，弄得那个女孩一脸无奈。最后，还是我强拉着那个女孩送到了车上。事后我批评她，她为自己辩解说："好不容易逮着个机会练练英语口语，我当然要抓住，绝不能放过！"

刘子真的成绩在班里名列前茅，但任何需要通过投票产生的称号，比如三好学生，她的得票数总是寥寥无几。看来，事实并不是像她说的那样大家嫉妒她，而是她自己出了问题。

静雅上午来找我换座位，没想到刘子真下午也来找我要求换座位。我很惊讶，她直截了当地解释说："静雅的成绩不好，学习上一点也帮不上我的忙。我想和王凯华坐，他的物理好，可以帮我提高。"我看着这个特有主意的女孩，说道："我很欣赏你在学习上的这种劲头。不过，你的想法也许正是静雅的想法呢，你有没有想过帮静雅提高成绩呢？"刘子真脱口而出："那多耽误时间啊。"我看着她说道："王凯华可能也是这么想的。"她愣了一下，头慢慢低了下去。

"你先回教室吧，我考虑考虑再说。"

第二天我先和静雅谈了谈，希望她能继续和刘子真做同桌，给刘子真一个反思的机会。静雅是个开朗大方的女孩，听了我的话，爽快地说："刘子真就那么个人。我昨天挺生气的，不过一觉醒来，觉得刘子真也没有那么讨厌。"我笑着点点头。

至于刘子真，我想先冷处理一下，让她自己好好想想。

过了没多久，一天，刘子真的爸爸来校给她请假。原来她的奶奶生病了。她奶奶年纪大了，这次病得很重，不知能不能挺过去，想见她一面。她小时候是奶奶照顾的，和奶奶感情很深。

我把刘子真从教室叫出来，她一听，急得哭了。她抽抽噎噎地说，想立刻赶回老家去看奶奶，不过，如果奶奶病重，她可能还得在老家多待一段时间。她担心落下的课怎么办，现在学习这么紧张……

我拉着刘子真回到教室，把她的情况和同学们说了。大家都觉得刘子真当然应该立刻回家看奶奶，因为这件事是不能等的。功课好说，耽误了还可以补回来。

王凯华站起来说道："刘子真回来后，我帮她补物理吧。"

静雅也说："我学得不好，没办法帮子真。不过，我保证好好记笔记——所有科目的笔记，我都记得详详细细的，回来后子真可以看我记的笔记。"

……

刘子真站在那里，听着大家一句句暖心的话语，眼睛里泛着泪光，不知是为奶奶担心呢，还是被同学们感动了。

最后我对刘子真说："你从老家回来后，如果大家的帮助还不能让你心里踏实，我相信所有老师都愿意随时为你补课。赶紧收拾书包，跟你爸爸回家吧。"刘子真抹了抹眼泪，回到座位上收拾书包。背上书包要走的时候，她稍一犹豫，从里面掏出一本书，递给静雅，说："你先看吧。"

不用猜，一定是那本化学参考书。

49. 让我帮你弥补遗憾

记得那天我问你：高三了，你的高中生活没有什么遗憾吧？其实问的时候，我以为自己已经知道答案了。在我们班，甚至在我们年级，如果只有一个人对自己的高中生活感到满意，那就是你，也只有你！

是啊，你的高中生活是多少人梦寐以求的：每次考试，不管大考还是小考，你稳居年级前三；你是班长，我们班在学校的各项活动中表现出色，跟你的努力密不可分；每次投票，不管是选优干还是三好，你总是以近乎全票当选；你还是学生会文艺部部长，组织了多项活动，自己的唱歌跳舞也都顶呱呱……你是如此优秀，老师们都觉得，带了这么多届学生，你是最全面的一个。你的高考，一定是最没有悬念的。半年以后，你将如愿以偿地接到一所你满意的大学的录取通知书。

是啊，这样的高中还会有什么遗憾？

那天午后的太阳很温暖，我们坐在小花园边上的石凳上，边晒太阳边聊天。你没有立刻回答我。你沉默着，目光望向远处。我也保持沉默，认为你觉得这个问题压根儿用不着回答。

可是，你回答了。你说高中生活只剩下五个月了，当然有遗憾。不只是高中，加上初中，甚至小学，你一直有一个遗憾；而且，也许这个遗憾将是一辈子的遗憾。

我很惊讶地看着你。你微微一笑，说自己没有运动天分，在过去的十二年学生生活里，你一次运动会也没有参加过。每次开运动会，你都很忙，你是后勤部长，组织啦啦队，给运动员服务，给广播站写稿，但你从来没有出现在运动场上。

你的脸上掠过一丝失望。你继续说，你希望自己的生活丰富多彩，希望自己能拥有各种各样的体验，包括运动；可是你跳跳不高，跑跑不快，运动场上你很低能，运动场是你最没有信心的一个地方。

你回头看看我，自嘲地一笑，说："人哪能事事尽如心愿呢？总体来说，我还是很满意我的中学生活的。"

那次谈话后，只要看到你，我就想起了你的遗憾。如果没有这个遗憾，你的高中将是多么完美。可是，你们高中三年的最后一个运动会已经开过了。看来，要弥补这个遗憾，只能等到你上大学了。我也替你感到遗憾。

12月中旬，体育组通知要组织一场元旦长跑比赛，让各班准备报名。体育委员拿来报名表让我过目的时候，上面没有你。我跟体育委员商量，能不能换上你。他惊讶地说不行，你从来没有参加过比赛，还不知道能不能跑下来呢。我说试试吧，这是咱们参加的最后一次比赛了，给你一个挑战自己极限的机会。

当我告诉你给你报上名时，你的嘴巴半天都没有合上。你说："老师，您开玩笑吧？我？长跑？怎么可能？"我平静地看着你，说是真的，我要帮你弥补遗憾。你说："谢谢老师。可是运动是我的短板，先不说成绩了，我可能连跑都跑不下来。"我说不管成绩如何，只为让你有一次参加运动比赛的体验。就两周时间，你要开始准备了。

接下来的两周，每天早上，都能看到你在操场上跑步的身影。

比赛一天天临近。你胆怯了，想临阵脱逃，让我换人。我坚决地摇摇头。体育委员来向我打小报告，说有同学给你出馊主意，让你实在跑不下来的时候，就偷偷溜下来，长跑中途退场又不是什么稀罕事。体育委员还说，你好像听进去了，原本还愁眉苦脸的，一下子眼睛都亮了。我笑了，说："咱们想办法让她溜不下来，一定让她坚持跑完全程。"

终于要比赛了。你站在跑道上，眼睛里没有了你一贯的自信和镇定，看到我的时候，你的眼神躲开了。

起跑了，你不紧不慢地跑着，处于队伍的中后方。我对你喊：悠着点，坚持下来就行。跑到第四圈的时候，我看到你脸色苍白，大口大口地喘着气，右手握拳顶着右腹，整个人像虚脱了一样，但你还在艰难地跑着。我心里一紧，怕你出事，想实在不行就放弃算了。我跑步去问体育老师，他说这是长跑中的极限，很正常，你的身体体检时没什么问题，坚持过去就好了，让我别担心。我怎能不担心？400米的跑道，你要跑12圈半，现在才第四圈啊，你能行吗？第五圈你经过我身边时，你还是那么痛苦，我的心揪成一团。我下了决心，如果第六圈你还是这样，即使你不放弃，我也要强迫你放弃！我不能让你拿自己的身体冒险！

可是奇迹出现了！当你第六圈跑过我身边时，你的喘气均匀了，脚步轻快了，你的速度虽然不快，但你跑得很轻松。你不快不慢的速度竟也超过了一个又一个；剩下最后两圈的时候，你竟然加速了，又超过了好几个。我长长地舒了一口气。结果出来的时候，我又吃了一惊——你跑了第 48 名！120 名女运动员中，前 50 名有成绩，你竟然拿了 3 分！

后来你告诉我，上场的时候你是打算跑两圈就放弃的，可是，跑道的任何一个地方，都有咱们班同学大声喊着"加油！加油！"，你不好意思下场，只好硬撑着。极限到来的时候，你难受极了，可是跑道上没有一个能让你溜下来的空隙，同学们热情地甚至是声嘶力竭地为你加油，你怕辜负了大家，只好继续撑着。跑着跑着，你感到轻松了，再也没有放弃的打算了。跑完后，你甚至想，也许你是一个天生的马拉松运动员呢，如果距离再长点，没准儿你的成绩还能再好点呢，因为最后你觉得越跑越有劲了。

我开心地笑了，那些散在跑道各处为你加油的同学是我特意安排的。

50. 激将法

"你看看，这就是李林坤的听写！二十个单词只对了四个！他怎么不干脆错光呢！"英语老师"啪"的一声把听写本扔在我的办公桌上，指着本子上满是红叉叉的一页，生气地吼道，脸涨得通红。

我赶紧站起来，给她的茶杯续上水，递到她手上，按她在椅子上坐下，安慰道："别生气，不就是个孩子嘛，把你气坏了怎么办？你放心，看我去收拾他！"

"行了行了，你就会给我灌迷魂汤。这个李林坤真是拿他没办法，骂也骂了，罚也罚了，统统没用。你说他要是真的笨得学不进去，那也就罢了，可他却聪明绝顶……唉！"英语老师虽然还在抱怨，但气已经消得差不多了。

"你先别急，咱们再想想办法。"我理解她的苦心和难处。

这个李林坤，真是公认的聪明。每次考试，英语总是三四十分，但总分却稳稳地排在第一。各科老师都夸他，尤其是理科老师，说很久都没碰到过这么聪明的学生了，有这么一个学生存在，为了应付他层出不穷的问题，刺激得自个儿的教学水平都见长啊。我这个班主任是教语文的，心里也对他欣赏有加：只要是你强调过的知识，他保准能落实到所有该运用的地方；而大多数的学生，你三番五次地强调还是不明所以。

每次拿到成绩单，看着高居榜首的李林坤，大家都啧啧称赞："你说这小子英语才考了42分，竟能排第一；如果英语能考及格了，绝对是个能冲击一本名校的苗子。"每到这个时候，英语老师都如坐针毡。

我体谅英语老师的苦衷，也曾想过各种办法，但收效甚微。只要一上英语课，在其他课堂上总是目光炯炯的李林坤就完全蔫了，双眼无神，一会儿打起了瞌睡。

就像英语老师说的，骂也骂了，罚也罚了，可是没用；苦口婆心地讲道理，也被实践证明没用。他什么都明白，但依然如故。该怎么让他像学其他课程那样学英语呢？

"李林坤，你的理想好像是当个建筑大师？""嗯，我以前在周记里写过，现在还没打算改变。""那——"我故意沉吟了一阵，才略带迟疑地说道，"建筑系的分数线都比较高，按你的成绩，将来上个二本没有问题。""我的目标是至少要上一本。"

"一本嘛……我劝你做好心理准备，免得到时候太失望。如果英语成绩能提高点也许还有希望……算了，我和英语老师专门分析过你的情况，觉得可能性不大。""这算不算门缝里瞧人呢？"他一脸的不服气。

"我觉得还真不算。你都努力这么久了，成绩还是原地踏步，英语可能真是你的软肋，连你这么聪明的学生也拿这门课程没办法，老师也有点遗憾。"

"在英语上我并没有努力，所以成绩才原地踏步。""我和英语老师说过你多少次了，你这么聪明能不知道轻重？能不放在心上？一定是私下里用功了。既然努力了，我们就接受现实吧。其实，二本也相当不错，尤其是对一个偏科的人来说。"

"还是从门缝里瞧人！以前我觉得英语考不及格还能排第一是件挺骄傲的事，所以，我真没用心。既然你们不相信，从明天起，我让你们看看我的实力！""别说什么实力了，早读的听写我看你就对不了几个。逃避不是办法，人得面对现实。""哼，那就看接下来的早读听写吧。"他气呼呼地走了。

我看着他的背影，不知道这次是不是又和以前一样没个结果。

第二天下了早读，英语老师惊喜地说："太阳从西边出来了，李林坤听写全对！"

课间看到李林坤，他有点炫耀："班头，看到我今天听写的成绩了吗？"我表现出不屑一顾："也许是昙花一现，一次能说明什么问题呢？""那就多看几次吧。"他又气呼呼地走了。

负责任的英语老师天天有听写，有背诵，有检查，有反馈。李林坤就这样一点一点地积累着，和我较着劲。他经常拿着英语本，故意在我眼前晃，我漫不经心地说："作业做得不错，有啥了不起的？都是讲过的题目，有本事考及格了再说。"果然，李林坤就考及格了。

"离一本的建筑系还远着呢，离名校的建筑系就更远了，先别忙着高兴。"李林坤的英语成绩在慢慢地提升，激将法在他身上起作用了。

51. 我们一起学说话

周一一大早，音乐老师一进办公室，就说有一件特好玩的事要和大家分享。音乐老师还没开口，自己先笑得合不拢嘴。好不容易，她才强忍着，终于开了口："周末我们一家三口去图书大厦买书，你们猜碰到谁了？张老师班的马宏！马宏特有礼貌，先向我老公问声'爷爷好'，再向我问声'老师好'，最后还没忘了向我女儿说一声'小妹妹好'。"我们也忍不住笑了。

音乐老师长得小巧玲珑，看起来很年轻；她老公只比她大三五岁，但早早发了福，挺着个将军肚，也谢了顶，看起来比较老相——但好像还没有马宏称呼的那么夸张。

"我倒没啥，还挺高兴的，这说明我年轻啊。可我老公郁闷了，一整天闷闷不乐的。先是不停地问我，他真有那么老吗；后来回到家里，又不停地去照镜子，看来是落下病根了。"办公室里再一次响起了笑声。

我们班的这个马宏，学习成绩没啥说的，总在年级前五名，但说起话来，常常让人哭笑不得。

一次我正上课，马宏举手，我点头示意让他说话，他站起来嗓门洪亮地说了一句"老师，我想大便，憋不住了"，全班哄堂大笑，连我也没忍住。我知道他绝对不是使坏，这孩子本性天真善良，只是这种说话方式不正确；若是幼儿园的小朋友这样说，那是天真可爱，可他已经是个高中生了。

课后，我问他知道大家为啥笑他吗，他问是不是觉得那种说法不好听。我说："是的。课堂是个严肃的地方，咱们不要那么直白地去说，你可以换种说法，比如肚子不舒服，或者干脆直截了当地说想去厕所。"他还是不解，说这没啥区别啊。我说："意思当然一样，但给人的感觉不一样。比如我们出去吃饭时，有人想上厕所，人家会说去趟洗手间；如果直接说厕所，有点败人胃口啊。"他点点头，表示明白了。

但过了没几天，他在厕所外边碰到体育老师，又热情地打了个招呼："老师，您也上厕所啊？"体育老师在办公室说起的时候，老师们全都笑了。

我找来马宏，告诉他："现在有一种万能的打招呼方式，基本不会出什么问题。不管在校园内还在校园外，你见了熟人，称呼加上一个'好'字，就能以不变应万变。比如'老师好''阿姨好''爷爷好'等等，这种问好的方式适应面极广。但是，在你拿不准该怎么称呼对方的时候，这种问好方式就要慎用。尤其是现在，很多人对年龄都特别敏感，有人怕把自己叫老了，有人又嫌把自己叫小了，分寸很难拿捏，所以更要慎重。比如你管音乐老师的老公叫'爷爷'，这就很不合适。在你搞不清楚人家身份的前提下，你可以含笑对他点点头，或者再加上一句'您好'。明白了吗？"马宏连连点头，说想不到打个招呼还这么麻烦。

马宏真是个有心的孩子，经过指点以后，他绝对不会在同样的场景中犯同样的错误，只是举一反三的能力还不够。

这不，马宏又说错话了。同桌向他请教一个问题，他又写又画地讲了半天，同桌终于明白了，但马宏那张不省事的嘴巴又开始唠叨了："这么简单的问题，还让我讲了半天，看来你的智商不怎么高啊。"本来同桌正要谢他，听了这话，翻了他一个白眼，扭过头不再搭理他了。马宏自个儿还一脸无辜。

我向马宏招招手，把他叫到教室外边，向他伸出一个巴掌，问他："五个指头一样齐吗？"马宏摇摇头。"人也一样啊，反应有快有慢。你不能因为别人在一个问题上比你反应稍慢点就说她智商不高，那你的短跑可比你同桌差远了。如果同桌说跑步不就是两条腿交替得快点而已嘛，你连这么简单的事都做不到，是不是智商有问题啊？你也一定不会高兴的，是吧？""嗯，说人智商不高就等于说人傻，这是对别人的歧视。老师，我现在就去向同桌道歉。"我冲着马宏的背影笑着摇摇头。

一次家长会后，我听到马宏问一个女生："昨天来给你开家长会的那个又胖又矮、满脸雀斑的女的是你妈吧？"我心里暗暗叫苦，这个马宏，你不是找抽吗？

"对不起，我的说话方式不当。"还好，马宏立刻意识到不妥，向人家道歉了。可是马宏，你要知道，覆水难收，此时道歉也晚了，你又要收获一个白眼了。

唉，马宏，我们一起继续学说话吧。

心中有他人

——爱，让心灵渐渐变得柔软

52. 爱要大声说出来

今天是三月八日。一大早我去上早读，推开门，里边一声"一二"，然后就是全班同学的问候："老师，节日快乐！"我正准备关门，接着一愣，马上笑着说："谢谢大家。"

第三节去上课，起立后，学生没像往常那样喊"老师好"，而是喊"老师，节日快乐"。我郑重其事地还了一个鞠躬礼，也没像平时那样说"同学们好"，而是发自内心地说了一句"谢谢大家"。下课后，我像往常那样说"同学们再见"，不过同学们没喊"老师再见"，而是齐喊"老师，节日快乐"。

去上晚自习，我刚一进教室，他们又喊"节日快乐"。我装作生气地说："问候一次就行了，已经接收到了，一天就问了四次，烦不烦啊？"

"礼多人不怪嘛。""不烦，我们只喊给您一个人听了。"

我心一动，问道："咱们班有多少同学有手机啊？"大家都愣了，不明白我怎么这么快就由一个话题转到另一个话题上去了，但还是举起了手。我一看，只有三个同学没举手，我在心里记下了他们的名字。

我继续问："现在大家的手机状态是什么啊？有四个选项：一是关机，二是开机状态中的铃声提示，三是开机状态中的静音，四是开机状态中的震动提示。选关机状态的同学请举手。"我数了数，有三十二个同学关了机。"选开机状态中的铃声提示的同学请举手。"我环视了一周，没有一个同学举手。"选开机状态中的静音和震动提示的同学请举手。"有十七个同学举了手。

看着大家莫名其妙的表情，我解释道："今天我不和大家讨论该不该带手机的问题，大家尽管放心。"很多同学都舒了一口气，轻松了许多。

"我对全班有三十二位同学在上课期间选择了关机感到非常满意；即使选择了开机，大家也都把手机调到了静音或震动，我对此也感到满意。现在，请大家拿出手机，关机的同学也请开机。"大家面面相觑，犹犹豫豫地拿出了手机，满脸问号地看着我。

我启发道："今天是什么日子啊？""三月八日啊。""今天我已经四次听到大家祝福我节日快乐了，我觉得非常幸福，真的要发自内心地对大家说一声'谢谢'。但是今天，还有一个人更应该得到大家的祝福。"

我停顿了一下，看着大家，有人小声嘀咕了一声"老妈呗"，我接着说："是的，是你们的老妈。现在，就请大家把祝福送给你们的妈妈。到底怎么写，大家就'八仙过海各显神通'了。好，开始编发短信。"

还有人小声嘟囔："对老妈不用这么客气吧?"有人还在发愣，但看到别人已经在低头编写，也赶紧进入了状态，还有人拿出笔在纸上打起了草稿。我走到那三个没带手机的同学身边，小声提醒他们，先想好怎么说，待会儿用老师的手机给妈妈发一条祝福短信。

过了一会儿，看到大家陆续停了下来，我说道："我希望大家回家后能第一时间对你们的妈妈再说一句'节日快乐'，因为我信奉的是'爱要大声说出来'，然后为妈妈倒杯水，或者夹夹菜，让妈妈感受到你对她的爱。好了，现在请大家关上手机，我们开始学习。"

自习课结束的铃声响了，我在这个三月八日第五次幸福地听到了同一批学生齐声喊出的"节日快乐"。

53. 说说咱的妈

"世界上有很多人、很多事我们都可以忘掉，但有一个人，我们应该永远记在心中。这个人就是我们的妈妈。"这是我在班上说的话。母亲节快到了，我让大家在周记中如实地"说说咱的妈"。下面是学生周记中的片段：

帮我留住记忆的人

妈妈记录了我的成长史。

三岁时，我和小朋友疯玩后回家，兴冲冲地对妈妈说："小朋友都胸无大志，就我有！"妈妈惊喜地问："你有什么大志啊？"我撩起小背心指着肚皮上的一颗黑痣说："就这个大痣！"

六岁时，我在商场闹着要滑冰。妈妈耐心地给我讲不能滑的道理。我不听，还指着地对妈妈说："你看，人家让'小心地（de）滑'，我会小心的。"原来地上写着"小心地（dì）滑"的提示。

小学二年级，老师问："谁知道'横眉冷对千夫指'的下句是什么？"全班都沉默了。老师启发道："这是对仗句，大家再想想。"不就是对对子吗？我勇敢地站起来对道："竖耳热错万丈手。"

……

妈妈帮我留住了记忆，让我的成长如此真实。

你的妈是否也这样

刚端起饭碗，老妈的嘴里就冒出了多年来一成不变的唠叨："认真听了没？要认真听呢。认真学了没？要认真学呢。锻炼了没？要减肥呢……"在吃完有如红军两万五千里长征般劳心费力的晚饭后，我开始了世界上最悲惨的事——写作业。

我掏出四五本作业码在桌上。老妈拎了一本超厚的书走了进来坐在我边上，若无其事地翻开书。

半小时后……忍无可忍……我故作镇定地抬头："妈，你是不是上班的时候特喜欢你们领导坐你边上？"我妈愣了下："不喜欢啊。"我抬手一指："那就出去。"在对视了十秒钟后，老妈终于拿着书笑着出去了。

我长出一口气，终于轻松了……好景不长，不经意间，抬头向右看，只见老妈露了个头在门框边上……两秒后……"你在干吗？""查岗。""什么情况？""你表现好，领导看好你。""我觉得不对。""那你觉得呢？""领导闲得没事干，下基层骚扰员工。"五秒钟后，头"缩"回去了。

过了一会儿，老妈将"二次过滤"后的半瓶酸奶端了过来，然后又一次坐在了我边上。我僵硬的脸转过去："领导好。"老妈看着我："用听写吗？""不用。""用检查吗？""不用。""用休息吗？""不用……啥？用！""你说过不用了，接着写。"老妈站了起来，向外走去。我顿时以五体投地之势扑倒在桌上，只差"以头抢地"了。

突然，老妈猛地一回头："给点效率，十点半收拾。"

我笑了。于是，奋笔疾书。

我的老妈

我妈最常对我说的一句话就是："我这一生做的第一大错事就是生了你。"我也经常反驳她："都说了我是潜力股，这是长期投资，短期内看不到收益。"

从小就浸泡在她的"百般挖苦"中，我养成了反话正听的好习惯。她好像特想让我以后卖胡辣汤，因为每次成绩下滑时，她就会说："你爱学不学，以后想卖菜就卖菜，想卖胡辣汤就卖胡辣汤，最好去卖胡辣汤，你妈爱喝还不掏钱！"不过，我早就习以为常了，钢铁就是这样炼成的！

每次她去超市拎回来的东西里有一大半都是我爱吃的，她就会说："你看看，要不是因为你是我亲生的，我才不管你呢，每天两个馍也饿不死。"

每次我要出去玩的时候，会用含糖量比较高的声音喊："老妈——"她绝对会对我说："要钱的事别找我啊。"经我一番解释后，她就会应付地说："那……那我考虑一下。"第二天，钱绝对会压在我台灯底下的。

母亲节快到了，她前几天特别可爱地对我说："到时候，要送我礼物哦！"我一伸手："钱！"她乐颠颠地拿出了钱包。

老妈，等着我给你个惊喜哦。

我心中最美丽的女人

妈妈在我眼里一直就那个样子。可是，那天妈妈翻出她古老的影集时，我大吃一惊：原来妈妈竟是从一个小女孩老成了现在我这个大女孩的妈的。

我看到了妈妈穿着公主裙的幼儿园照片，扎着冲天辫的小学合影，梳着小辫的中学留念，白衣飘飘的大学时光……我看着沉醉在回忆中的老妈，忍不住想向岁月大吼一声："请别欺负我妈，她是我心中最美丽的女人！"

我记不起妈妈了

我只看过妈妈不多的几张照片。她在我很小的时候就去世了。爸爸怕我伤心，从不在家里提起妈妈。记不得自己的妈妈，这也许是我这辈子最最遗憾、最最痛苦的事了。

那就让我珍惜爸爸吧。

这个老妈……

在家里，我是最胖的。我想吃什么美味时，妈妈就开始狮吼："都这么胖了，吃什么吃！整天除了吃就是吃！要是你的肉值钱，早把你卖了！"可是，当我无奈地转身时，她恶狠狠地把一包牛肉干塞给我，一副恨铁不成钢的样子。

老妈有时非常可爱。那次，我正写作业，老妈叫我过去。她穿了一双红色的凉鞋，戴了几个发卡，然后问我："看我是不是年轻了几岁？"我一本正经地夸老妈岂止年轻了几岁，那简直就是重返了青少年时代。老妈万分受用地对着镜子扭啊扭的，我憋着笑赶紧逃离了现场。

…………

孩子们，让老班用这种方式帮你们捡拾记忆，帮你们在这个特殊日子到来的时候，想想身边这个经常被你们忽视的人，想想这个管你们吃、管你们穿、有时却让你们烦得受不了的人——你们的妈妈。

54. 今天我哭了

今天我哭了。我第一次在教室里当着全班同学的面哭。

下午，两点二十上课，我准时走进教室。今天，心里很乱。我一边讲课，一边不停地瞟着教室后边挂着的钟表。那个时间快到了，我是继续讲课，还是……

我的犹豫并没有持续多久。在那个点到来的那一瞬，我下意识地闭上了嘴巴。教室里先是站起来了几个男生，很快，全班同学都站了起来。没有人号召，没有人开口，我们每个人都站得端端正正，非常默契。我们低着头，向三年前逝去的69000余名同胞默哀。低下头的那一刻，眼泪突然溢出了眼眶，一颗接一颗地滚落下来。孩子们，此刻，你们的脑海里一定像老师一样闪过了无数的画面。记忆的闸门一旦打开，便再也无法关住。

我们无法忘记三年前的国殇！我们无法忘记映秀的血墙、北川的哭城；我们无法忘记那个双膝跪着、整个上身向前匍匐着、双手扶着地支撑着身体、保护孩子的妈妈；我们无法忘记那个跪下双腿、大声哭喊着"求求你们让我再救一个"的战士；我们无法忘记那个用良心加固校舍、使全校师生无一伤亡的最牛校长……

孩子们，那幕惨剧我们曾在电视上、报纸上、互联网上看过，那些事迹我们曾在各种媒体上读过，此刻，你们的脑海里重现了那一幕幕惨状吗？你们的脑海里出现了那些值得我们永远铭记的身影吗？

孩子们，有一些和你们同龄，甚至比你们更小的同学，在那个日子走了，走出了亲人的视线，也永远走出了我们这个世界。让我们的眼泪再一次为他们洒下吧，为那些永远年轻的生命。

三分钟过去了，我说了一句"大家请坐吧，先自己看一会儿书"。在大家还没有来得及抬起头来的时候，我赶紧走出了教室。

我向水房走去，边走边哭。周围没有了人，我终于不用克制自己了，单是流泪已不能冲淡我的伤痛，那就索性出声地哭一场吧。打开水龙头，我用双手撩起水，洗着脸，洗着眼。我看着镜子里的自己，眼睛红红的，刚刚哭过的痕迹仓促间怎么也遮掩不了。我就这样重新走进了教室。

今天的教室非常安静，大家都抬起头来看着我，我也看着这些孩子。我用眼睛和他们交流，我在心里对他们说："今天，你们让老师刮目相看了。你们当中平时最调皮、经常被老师批评的那几个，此刻也安静地坐着，满脸满眼的肃穆。"

沉默了一会儿，我终于开口了。我低沉的声音在安静的教室里响了起来："今天是个特殊的日子，2011 年 5 月 12 日，星期四，汶川地震三周年纪念日。自从三年前那场灾难发生后，这个日子就刻在了中国人的心里，再也抹不掉了。每年的这一天，愈合的伤口都会再次撕裂，而我们，一定要珍惜这一年至少一次的撕裂和深入骨髓的疼痛。因为我们担心，担心我们会遗忘；我们害怕，害怕我们会变得麻木；我们拒绝，拒绝再次失去他们……所以，就让这伤口再一次暴露出它血淋淋的面目，让我们记住这个日子，2008 年 5 月 12 日 14 时 28 分，永不遗忘！"

那节课，教室里的气氛很凝重，每一个孩子都听得非常认真。

55. 关心不是单向的

英语老师患有慢性咽炎。天很热，下午他有四节课。上课前，他端着大号茶杯去接水，热水器正工作着，水还没烧开。我和他坐对桌，就让他先去上课，等水烧开后，我会给他泡上茶，等到下课后他刚好润嗓子、解渴。

第一节下课铃响了。我站起来伸长胳膊摸摸对面桌上的杯子，稍有点热，茶水温度应该恰到好处。我低头继续备课。一阵铃声响起，课间十分钟过得这么快？我抬起头，发现对面办公桌上的茶杯还是我放下时的样子，看来英语老师课间没有回办公室。一定是让问问题的学生给耽误了。我无奈地摇摇头。

第二节下课了。我端起英语老师的茶杯，倒掉了一小半，又往里续满了热水。他的嗓子一定冒烟了，我想象着他仰头灌下这一大杯水，伸手一抹嘴巴，常舒一口气，感慨一句："舒服！给个皇帝也不换啊。"不由得笑了。但是，五分钟过去了，他怎么还没回来？再不回来，第三节课就该上了，他又没时间喝水了。前两节他在我带的班上课，我忍不住起身去教室看看到底怎么回事。到了教室门口，强烈的阳光投射在讲台上。讲桌前围着几个学生，英语老师被围在中间。

我犹豫了一下，看到一个男生满意地回座位了，看来他得到了自己想要的答案。接着一个女生开口询问定语从句的问题，英语老师的嗓子都哑了，而旁边还站着两个正在等着问问题的学生。我赶紧上前给英语老师解围："诸位好学之士，抽空再问行不行？该放老师回办公室喝口水了吧？"

问问题的同学不好意思了，赶紧合起书来，连声说"对不起，老师，明天再说吧"。所有老师大概都喜欢爱问问题的学生，英语老师也不例外，他竟哑着嗓子说："没关系，咱们接着来。"我只好摇摇头。这时英语课代表不愿意了，冲上来拉着英语老师的胳膊，仗义地说："老师撤退！我来掩护你！"

我忍不住笑了，走过去帮英语老师收拾起讲桌上的书本，替他拿回办公室。走出教室的时候，我习惯性地扫视了一下教室，发现刚才问问题的同学正仰头喝水。我不由得暗暗摇了摇头。

回到办公室，英语老师正站着大口大口地喝水，还没来得及坐下喘口气，上课铃又响了。我同情地看着他。他笑了一下，拿起书本又上课去了。我把他的茶杯重新倒满水，坐下来却无法平静地备课了。

　　我们班的同学学习都比较积极主动，有几个尤其好学，各科老师经常被他们围追堵截。老师们在办公室说起来的时候，都很喜欢这样的学生，感慨遇到这样的学生是老师的一种幸福。虽然我也经常被他们堵得喝不上水，可我一直还挺为他们自豪的。可是今天，我的感觉有点变了。

　　放学前，我专门到教室和大家谈了谈这个问题。我说老师们都喜欢爱问问题的学生，喜欢咱们班同学的好学精神，但是大家是不是也应该给老师们留下点休息时间啊？我接着说了英语老师的咽炎，说了在这种高温天气下老师也需要喝水，……有问题的同学能不能换个时间再请教老师？

　　作为老师，这个问题我只能点到为止，免得让大家以为我反对同学们问问题，我不想挫伤他们提问的积极性。

　　第二天我的课堂上，距离下课还有两三分钟，我开始答疑解惑。正为一个同学解答时，下课铃响了。她马上说："老师，下课了。下午自习课上我再问吧。"我感到很欣慰，但我对她说："谢谢你。这个问题咱们很快就解释清楚了，时间不会久的。"

　　我想，让学生们明白关心不是单向的，也是我这个班主任的职责之一。

心中有他人——爱，让心灵渐渐变得柔软

56. 孩子，学习不是你们唯一的功课

放学前，我习惯性地来到教室，翻看班级记事本，了解当天班里的情况。我看到值日生在记事本上写道：

> 下午生物课上，生物老师看起来有点不舒服，课上到2/3时，生物老师让大家自己做模拟卷，就出去了。生物老师可能生病了。

晚上，我给生物老师打电话，询问她的身体情况。一向高喉咙、大嗓门的生物老师一反常态，声音变得有气无力，说她正在医院挂吊瓶，是急性肠胃炎。她说下午上课时肚子疼得厉害，发作起来连话都说不出来了，实在坚持不下去，只好让学生先做题；一出教室，就吐得天昏地暗，肚子疼得只能蹲在花坛旁边；后来两个老师从旁边经过，才把她送到医院。现在好点了，晚上输液大概得输到一点钟。

放下电话后，我的心里沉甸甸的：生物老师腹痛得那么厉害，难道学生一点也没看出来吗？她在教室外边的花坛旁呕吐，学生真的一点都不知道吗？想着想着，我愤怒了，接着是伤心：我教的孩子真的这么冷血吗？

第二天自习课上，我让大家先把作业放下，仔细回忆昨天生物课上自己看到的情景，彼此交流交流。大家面面相觑，沉默了一会儿，生物课代表先说了："昨天生物老师讲课时声音比较低，不像平时那么有精神。"

有人开了头，其他人也就说开了："是的，生物老师看起来精神不佳，她脸色很苍白。""后来她的右手好像是顶着肚子，大概肚子疼吧。""老师出教室的时候，是右手顶着肚子、左手扶着墙磨出去的。"……

我静静地听着，直到没人再说了，我才开口："生物老师是病了，而且很严重。昨天被两个老师送到医院，在急诊室输液直到凌晨一点钟。"同学们脸上的表情都很惊讶。

"那生物课是不是就没人上了？"有人脱口问道。我的心真的疼了一下。

"说什么呢？还有没有良心？""我不是故意的，我就是想快要高考了……"

做学生最好的成长导师——张青娟班主任工作艺术99例

我的心疼加剧了。

"生物老师不要紧吧? 她现在怎么样了?""待会儿给老师打个电话,问候一下。""还要请老师放心,我们自己会安排好复习的。""希望老师尽快康复。"……听着这些温暖的话语,我总算得到了些安慰。

"我先替生物老师谢谢大家,我会把大家这些话转达给她的。今天我想多说两句。昨天,很多同学都看到生物老师不舒服了,有人问候过一句吗? 生物老师一手扶墙往外走时,有人上前扶过一把吗? 生物老师出了教室,有人想着出去看看她需要帮助吗? 没有! 没有一个同学在生物老师生病过程中的任何一个瞬间说过一句表示关心的话,做过一个表示关心的动作! 同学们,你们把学习看得重要,老师很高兴;可是,你们还得知道,学习只是你们现阶段很重要的一件事,并不是唯一的功课! 对于昨天的事,老师真的感到很难过!"我说不下去了,静静地、久久地看着我的学生。

"看到生物老师不舒服,其实我当时是想给老师倒杯水的。只是……""我也想给老师搬个凳子让她坐下来讲课,又担心大家说我出风头。""老师往外走时,打了个趔趄,我坐在前边看得清清楚楚。我是想上去扶老师一把的,可是……"

我长长地舒了一口气,说道:"这会儿,我的心里好受多了。别说是和我们相处了近三年、教了我们近三年的生物老师,就是一个陌生人,我相信大家也不会无动于衷的。我相信大家所说的话,只是那些不该有的顾虑,才导致昨天那一幕发生。如果当时有一个同学站起来,大家就都会行动起来的。"大家纷纷点头。

"生物老师只请了两天假,后天她就回校上课了,不会耽误大家复习的。我和所有科任老师都希望大家能进入一所自己满意的大学深造;但我们更希望大家在增长知识的同时,心灵也日渐柔软、丰盈。"好多同学都惭愧地低下了头。

57. 同学得了肺结核

眼看到了四月底，再有一个多月就该高考了，没想到张林山同学得了肺结核。

前一阵，张林山身体不适，有点咳嗽、发烧，大家都认为就是个普通的感冒，吃点药就过去了。张林山怕耽误学习，也没有请假。后来看他实在扛不过去了，我和家长好说歹说才把他劝动了，去医院一检查，竟是肺结核。

一时间，班里人心惶惶。大家的担心非常正常，尤其是在这个节骨眼上。

校医及时向学校所在地的疾病预防控制机构报告，按要求用紫外线灯对教室进行了消毒处理，并要求所有科任教师和全班同学去医院体检，做胸透。

我征求大家的意见：如果就近去医院做胸透，把结果反馈回学校，可以不耽误功课，但费用得个人掏；如果统一去指定医院体检，是免费的，但需要半天时间。班里出现了两种意见：一种主张明天统一去，有个结果好安心学习，磨刀不误砍柴工；一种主张分头就近检查，马上就高考了，正是冲刺阶段，半天时间也很宝贵。我让大家回家征求家长的意见，愿意就近检查的，自己安排时间；愿意统一去的，明天下午我带大家一起去。

第二天一到校，班里就沸沸扬扬的。班长很气愤地对我说，有些同学太不像话了，说张林山早不生病晚不生病，偏偏这个时候和大家过不去，好像是成心的；有人竟然还表示赞同，说时间已经耽误了，没准儿还得损失点金钱；还有人听家长说胸透对身体的危害很大……我听后心里很难过。

早读时，我说："耽误大家几分钟时间，我想给大家念一则短信，是张林山昨天晚上发给我的。"大家都抬起头看着我。

张老师，非常抱歉，我觉得太对不起大家了，我不知道怎么才能表达我对大家的歉意。自从得知自己得了这个病起，我就一直暗暗祈祷，希望所有老师和同学都平安、健康。对不起了，请老师代我向大家表达我深深的歉意。

"让我感动的是张林山病后没有怨天尤人，虽然今年的高考他没办法跟我们一起参加了，但他却还惦记着我们。生病是没法预知的，谁也不愿意生病。我想知道，在座的各位除了考虑自己的感受，有人站在张林山的角度考虑过吗?"我环视了一周，有几个同学低下了头。

"我查了资料，也请教了当医生的学生，我可以负责任地告诉大家，照一次胸透对身体没有什么影响，请大家尽管放心。"

"老师，那我们去看看张林山吧。"康宏冒冒失失地提议。

"你也太没常识了。大家可以抽时间给张林山发个短信，或者在 QQ 上和他聊几句，写封电子邮件也行，让张林山知道大家都惦记着他。"刘静的建议得到了大家的一致拥护。

下午，我和校医带着大部分同学去指定医院做了体检，万幸，我们都没有被传染上。

经过了短暂的恐慌，班里很快恢复了正常，大家继续紧张地备战高考。五月底照毕业照的时候，大家没有忘记张林山，在第二排中间给张林山留了个位置，让摄影师到时候把张林山的单人照片 PS 上去。

心中有他人——爱，让心灵渐渐变得柔软

58. 为别人多想一点点

　　课前三分钟讲演一直坚持着。最近的形式是同桌合作，一人陈述新闻事件，一人发表评论。

　　上课铃响过，我准时站在教室门口，两个女生一前一后走上讲台。先上台的女生站在边上，后上台的女生只好从她身后的狭小空间挤过去站在另一边。先上台的女生介绍完新闻事件后，就自顾自地下了讲台，回到自己的座位坐下；担任评论任务的女生一个人站在讲台上发言，声音很小，还打着颤。我在教室门口清楚地看到她的两条腿抖个不停，拿着稿纸的双手也一直哆嗦着。为了掩饰，她把稿纸放在讲桌上，双手抓着桌边，头深深地埋了下去，声音显得更小了。

　　她磕磕巴巴地念完早就准备好的稿子，赶紧跑向自己的座位，中间还打了个磕绊，差点摔倒。班里响起了笑声。她的脸涨得通红，在笑声中从同桌的身后挤了进去，终于坐回自己的位子上。接下来，按惯例由学生评议。

　　"声音太小。""听不清楚。"……

　　我问："她的声音不大是什么原因造成的呢?"

　　"胆子小呗。""太紧张了。"

　　我继续问："怎么才能不紧张呢?"

　　"那只能多练练了。"

　　我接着说："这是从个人角度考虑的。希望发言紧张的同学以后争取机会，多加锻炼。换个角度考虑一下，我们能帮这些同学做些什么呢?"班里暂时陷入了沉默。

　　我提示："一个人站讲台上发言和两个人站讲台上发言，哪种比较不紧张?"

　　"两个人当然要好点了，有个伴儿，心里多少踏实点。"大家纷纷点头。

　　我总结道："希望大家以后演讲时能为同桌多想那么一点点，先讲完的同学应该陪着后讲的同学，给对方壮壮胆，不能只顾自个儿——当然，如果你们俩商量好了，不需要别人陪着，也完全可以分别上台演讲。"

说到这里，我又想起了一个问题："两个人合作时，还需要注意哪些方面呢?"一通议论后，大家又补充了两点：同桌合作演讲，要学会为对方着想，有时还得迁就对方，比如选择什么素材、谁陈述谁评论等问题，完全不妥协也行不通啊；先上台的同学应该站在稍远的那边，把稍近的位置让给后边的同学。

后来，演讲的两个同学上来后站的位置、下去时的时机选择，都能做到很自然地彼此照顾了。

到了冬天，教室的门自然是经常关着的。有的同学推开门进了教室，头也不回地随手把门往后一甩，就径直回自己的座位了，而门却常常是半开半合的。坐在门口的同学很冷，只好经常站起来去关门。我稍一提醒，很快，进教室的同学都能转身轻轻地关上门。

值日的同学在收拾讲桌的时候经常会站在讲台上往下吹粉笔灰。后来，便有人站在座位一边向黑板方向吹粉笔灰。再后来，就变成用湿抹布擦了，这样粉笔灰就飞不起来了。

最近，年级尝试采取一种新的教学形式，即同桌合作，按照学案自学、研讨，并上台展示学习成果。一些科任老师反映，我们班同学上台展示时给人一种说不出的默契；但不知怎么回事，其他班的同学在展示时，看起来有点乱。

心中有他人——爱，让心灵渐渐变得柔软

59. 穿校服的开幕式

操场上，每个班级都服装整齐地坐在划定的区域里，头顶着烈日。

我们班同学穿着一身藏蓝色校服，每个人的脸都晒得红通通的，有几个不耐热的同学额头上挂满了汗珠。旁边的老师奇怪地问我，怎么让学生穿这么厚的校服？也不看看现在都什么季节了？我微微一笑，未作解释。这是学校艺术节的开幕式。

开幕式的安排学校上周就布置下来了，各班都在紧锣密鼓地准备。除了表演，观众队伍也很重要，那是班风班貌的集中展现，各班都很重视，我们班同学早就开始酝酿开幕式上的着装了。

班长兴冲冲地跑来向我汇报："大家一致认为统一服装是必须的，但不能穿校服，一片深蓝，老气横秋，跟艺术节完全不沾边。另外咱们只有这一身校服，适合秋冬季穿，不适合五月份西安的天气，太热了。几个班委一碰头，觉得可以统一穿 T 恤，女生天蓝色，靓丽；男生大红色，热烈。下边就穿牛仔裤和以白色为主色调的运动鞋，反正都是坐着，有点色差也无所谓。"

我问班长："你说大家一致认为要统一着装，这个'一致'是指全班同学吗？你确定征求了每一位同学的意见吗？"

班长愣了一下，不好意思地笑了："那倒没有。我们只是在教室里讨论了一下，不过感觉响应的声音一大片啊。"我有点犹豫，担心统一购买服装会给有些家长造成不必要的负担。

班长看出了我的心思，向我打了包票："放心吧，老师。我们早打听好了，刘雄的老妈开了一家服装店，答应给咱们按进价算，质量不错，纯棉质地，一件 35 元，价廉物美。现在谁家还拿不出 35 元啊？"

在物价飞涨的今天，按说 35 元真的不算贵，可是各家的情况是有差别的，会不会有同学觉得为难呢？我拍拍班长的肩膀说："回去再征求一下大家的意见，争取每个同学都问到，不要让一个同学为难。"

第二天，班长又来汇报："搞定了，全班赞同。大家觉得买回来平时也可以穿，很合算。只有李红叶说开幕式那天她刚好家里有事，得请假。"我心里咯噔一下，觉得这应该不是李红叶请假的真正原因。

李红叶父母离异，她跟着爸爸。后来爸爸组成了新家，继母带来了一个男孩，李红叶受不了继母的偏心，就跟着爷爷奶奶一起生活。奶奶是普通的家庭妇女，爷爷从企业退休后每月退休金不足2000元，单是维持家里的开销都紧巴巴的。李红叶请假会不会和买衣服有关？

我和班长说了我的猜测，班长也觉得有理。班长说："每人多掏一块钱，就能给李红叶买一件，剩余的钱就搁在班费里吧。"

我想了一会儿说道："这也是一种办法。其实35元钱老师也可以掏，只是担心这样做会伤害了李红叶。有没有什么办法既能帮助她，又不让她受到伤害呢？"班长皱着眉头看着我。"这样吧，你和几个班委再商量一下，看有没有什么好的方案。老师也想想办法。"

一天后，班长告诉我，问题解决了，大家都同意穿校服，这样可以不动声色地免除李红叶的尴尬，反正校服也现成，就连王凯都没有任何异议——王凯偏胖，最怕热了，冬天时他里面只穿一件短袖T恤，外面套件羽绒服。

我担心他们采取的方法，刚要开口问，班长就让我尽管放心，班委会成员是私下里分头和同学交流的，最终的意见是以不给家长添负担的名义宣布的。我赞赏地点点头。于是，全校就我们班穿着校服参加了开幕式。

天公真是不作美，开幕式这天下午艳阳高照，温度竟高达30摄氏度。我们班同学可真是经受了严峻的"烤"验，但没有一位同学有怨言。

心中有他人——爱，让心灵渐渐变得柔软

相看两不厌

——沟通，让你在和谐中成长

60. 夸出一片艳阳天

"老师，物理老师又骂了我们半节课。"刚下物理课，课代表就来向我报告。"这次又是什么原因？"我硬着头皮问道。"上节课老师拖堂了，有两个同学迟到了。""你先去上课吧。"我双手撑头，头痛不已。

我带的班和其他老师都配合得不错，唯独物理，半个学期过去了，师生还没磨合好。物理老师经常在课堂上发脾气，原因不外乎是作业交晚了、听讲不认真、迟到、说话、有人开小差等。学生对物理老师也很抗拒，有几个公认不错的学生有时竟故意在物理课上捣乱。

只要一上物理课，我就提心吊胆，唯恐发生冲突。课下，物理老师经常向我抱怨，学生也经常向我告状，我夹在中间，只能充当一个灭火队员的角色。期中考试，我带的班物理成绩排在年级倒数第二，其他各科不是第一就是第二。怎么办？我一筹莫展。

晚上，和朋友在 QQ 上聊天，发发牢骚。鼠标点在朋友的头像上，很意外地发现旁边出现了一个方框，里面有一大堆溢美之词：气质超群、腹有诗书气自华、润物无声、才女、古典美……这说的是朋友吗？我赶紧向朋友请教，朋友笑话我落伍了，连"好友印象"都不知道。在她的指点下，我才发现我的"好友印象"里也有很多溢美之词，是我的 QQ 好友给我的评价。

我有他们说的那么好吗？那些评价好像和我没多大关系啊！我觉得自己虽然还算理智，可心里还是像三伏天喝了冰镇饮料一样舒坦。突然，我灵机一动：为什么不发动学生夸夸物理老师呢？

第二天，我召开班委会，说出了我的想法，几个班干部都沉默了。我点了班长的名，他憋了半天才说："物理老师有优点吗？我怎么没看出来？"其他几个班干部都应和起来，说物理老师只会训人，整天板着个脸，像是欠了他钱没还似的，就没有一节课是心平气和上完的，不发脾气就不叫上课……

等他们发泄完了，我说服他们："我们每个人都有缺点，物理老师当然也不是完人。好好想想，我不相信物理老师就没有一个优点。作为同事，我觉得他工作非常认真，也挺平易近人的。"

几个班干部拧着眉头，苦苦思索起来。终于，学习委员说："前天，我在路上碰到物理老师，没躲过去，只好上前打了个招呼，没想到物理老师很和蔼可亲，跟课堂上完全不一样。我当时还挺纳闷的。"

副班长说："上次我去办公室问问题，物理老师很耐心地给我讲了半天。第二天碰到我，还问我想明白了没有。我觉得他挺负责任的。"

文艺委员说："物理老师挺帅的，他的头发都能给洗发水做广告了。"

"他足球踢得很棒，是个优秀的前锋。"班长抢着补充了一句。

……

周一的班会由班长主持，落实我的想法。班长先在黑板上写了一行大字：夸夸我们的物理老师。刚一写完，教室里就炸开了锅，好不容易才安静下来，班长像我做他们工作那样做了大家的工作。班委会成员带头发言，重复了班委会上提到的物理老师的优点，慢慢地大家都开始说了，气氛比我想象的要好。

班会后，班委把大家对物理老师的夸奖分成外貌、性格、工作、爱好等几个方面归类，整理好后交给了我，我在第一时间把它交给了物理老师。这个大男人看完后竟红了脸，连说学生胡说八道，但语气是欣喜的。

奇迹发生了！第二天物理课后，课代表满脸兴奋地跑来报告说，物理老师破天荒地整整一节课都没有发脾气，脸上时不时地还带着浅浅的笑意。没多久，师生关系就步入了良性循环。后来的测验，我们班的物理成绩一下跃居年级第一。现在，物理老师经常在办公室感慨，说给我们班上课真是一种享受啊。

再后来，我把"夸夸我们的某某老师"当成了带班的一个常规做法，有时还把它变形为"夸夸我们班的某某同学"。对当事人来说，这种夸赞，有时是雪中送炭，有时是锦上添花，有时甚至还能"无中生有"呢。

61. 主动和老师打个招呼

周一一到办公室，大家都忙着搞卫生。

"张老师，周日我和老公逛街时碰到你班的李岳和他妈妈了，他隔老远就喊'老师好'，还郑重其事地把我介绍给他妈妈。我老公夸了好几遍'你们的学生真有礼貌'，我感到好有面子啊。"英语刘老师一边擦桌子一边对我说，脸上绽放出一片灿烂的笑意。

数学姜老师插了一句："前几天在校门口，二班几个学生跟我打了个照面都没理我，里边还有我的课代表呢。我正寒心呢，一班的李梅走过来了，甜甜地说了句'老师好'，我的心情当时就阴转晴了。"

物理王老师说："一班的'物理困难户'梁燕子，我真没少训斥她。大概是上周三，我俩在操场上相遇，人家瞪着一双大眼睛像没看见我一样。我都习惯了学生见到我像不认识似的，可让我没想到的是，她走过去后又转身回来了，说刚才没看清楚，转身那一瞬才意识到是我，就补上一个招呼。哎，我当时都有点受宠若惊了。"

大家都被王老师逗笑了。我插了一句："梁燕子高度近视，但除了课堂上，她从不戴眼镜。她嫌戴眼镜不好看，尤其怕盖住了她那双最引以为豪的大眼睛。所以，'对面相见不相识'的情况在她身上经常发生。"

政治陈老师说："学生还是很看重你们主科老师的，像我们教副科的，一人带一个年级，学生主动打招呼的就更少了。不过，我觉得最近碰到的一班学生都会主动和我打招呼。"

"你这么一说，细想想还真是。"给一班上课的老师都有同感。我听了心里乐滋滋的，因为我的引导见效了。

我发现，在校外甚至是在校园里，有不少学生即使面对面撞着了老师，也不见得就能主动跟老师打招呼；相反，低头开溜者却司空见惯。作为老师，碰到这种情况我觉得挺尴尬的。如果学生能主动跟我打招呼，我会发自内心地感到高兴。人同此心，心同此理，其他老师和我的感受也应该一样。再说，见了老师问个好，也是对学生起码的礼仪要求。

为什么有些学生见了老师不愿问好呢？我在班里做了个问卷调查，主要有以下原因：一、学习不好，成绩差，怕老师讨厌。二、刚挨了批评，不敢打招呼。三、向老师问好，老师却爱搭不理的，以后干脆就不问了。四、有的老师整天板着个脸，让人望而生畏。

了解了原因，我打算对症下药。我说："我想和大家分享我学生时代的一段经历。高一学立体几何时，我生平第一次没考及格。我没脸见数学老师，远远看到他就躲，我以为自己在数学老师那里被打入另册了。没过几天，调整班干部，数学老师竟指定我担任他的课代表。在下一次测验中我考了年级第一，终于鼓足勇气询问数学老师对我立体几何没考及格是怎么看的。数学老师吃惊地反问：'你的数学怎么会没考及格呢？你一直都考年级前几名啊。'原来数学老师早忘了，是我多虑了。现在我当了老师，更觉得当初的自己纯粹是'天下本无事，庸人自扰之'，因为我经常上午批评了学生，下午就忘得干干净净了，这也许是教师这个职业的自我修复能力吧。只是我没想到过了这么多年，还有不少同学想步我的后尘，也想当一回'庸人'呢。"底下有人发出轻轻的笑声。

说实话，有些老师在学生主动打招呼时态度冷淡，伤了学生的心，做得的确不够好，于是我就坦率地向学生承认："我不能保证其他老师在大家打招呼时都能热情回应，但我可以保证如果大家和我打招呼，我一定积极热情地回应每一位同学，不管他的成绩是好是坏，有没有挨过我的批评。在座的还需要做好心理准备，如果你不和我打招呼，我主动向你问好时，你不许不理我，否则你必须给我找一个地洞让我钻进去。"大家哄堂大笑。

我说到做到。不管在校内还是校外，只要看到学生，我就先喊他们的名字，再向他们问好。不久，班里的同学遇到我，就抢着问好，唯恐我抢在他们前边。师生争先恐后地向对方问好，那种情景想起来就让人忍俊不禁。

主动和老师打招呼渐渐成了我们班同学的一种习惯。时间长了，我发现打招呼这么一件小事竟还产生了一个意想不到的收获，那就是科任老师和我们班同学的关系明显要比和其他班的亲密。

62. 让你知道他的可爱

　　年级组会上，不知怎么回事，问题研讨会一下子变成了控诉声讨会，老师们不约而同地发起了牢骚，开始集体抱怨学生。

　　物理老师说："我从没见过像张亚玲那么笨的学生，怎么讲她都听不明白，考试总是三四十分，就这还想考大学？"我解释道："张亚玲的总分一直在班级前20名，其他功课都还好，只有物理是她的短板。"物理老师吃了一惊："是吗？我还以为她是一名'学困生'呢。那我以后得多多关注她。"我和他开玩笑："那是，你可别让一棵好苗子因为物理变成了一根草，那你就成'千古罪人'了。"

　　生物老师说："刘琳琳可不只是生物差啊，她各科都不行，虽然整天乖乖地坐着，挺守纪律的。比较而言，我还是更喜欢那些虽然调皮捣蛋但有发展潜力的学生。"

　　我说："讲桌上那盆绿色植物是刘琳琳从家里搬来的；值日生玩得忘了擦黑板、整理讲桌，差不多都是刘琳琳不声不响地帮他们干的。"

　　数学老师说："那个韩刚一点也不讨人喜欢，一天到晚总懒洋洋的，像缺了几根肋骨，整天软不拉塌的，站没个站相，坐没个坐相，一点精气神都没有。这哪儿像个年轻人啊？"

　　我说："那是因为你没见过他军训时的英姿：腰板笔直，眼神专注，透出一股英气，军礼敬得那叫一个帅气！正步踢得那叫一个标准！全年级只选了两个队列标兵，他就是其中之一。"

　　英语老师说："一听写单词，李笑总对不了几个。如果作业做错了，哪怕错光了，都还能想出个原因；可这单词大不了比别人多花点时间记记，怎么好意思每次都错那么多？"

　　我犹豫了一下，还是说了："别看李笑成绩不理想，在家里却是他妈妈的主心骨。这孩子非常孝顺，他的单亲妈妈下岗后卖早点维持生计，他心疼妈妈，每天早上帮妈妈出摊后才来上学，经常睡眠不足。你多帮帮他嘛。"

英语老师心肠软，马上说："小小年纪，也太不容易了。好了，我帮他。"

……

数学老师说："看来，还真得多向你这个班主任了解了解学生的情况，我们也好对症下药，最起码可以调整一下心态啊。"

我说："班主任也就是和学生的接触多些罢了，再加上我这个班主任还是一个语文老师，就多了一个得天独厚的条件——他们的作文、周记基本都是写实的，是我了解学生的一个渠道。"

"你以后可不能独吞信息，要资源共享啊。"

"没问题!"我爽快地答应了。

63. 让我们彼此了解

学校小会议室里面坐着全班同学，还有我们的特邀嘉宾——所有的科任老师。

这是一次让科任老师了解大家的才艺展示活动。规则很简单，就是古老的击鼓传花游戏——花传到谁手里，谁上台展示；展示过的同学退出游戏，以保证足够多的同学有展示的机会。

为了让科任老师全面了解班上的每一个孩子，我授权班委会组织开展了这次活动。活动提前布置下去，要求每个同学都选择一项才艺展示给大家。

第一个展示的是李爽和。没想到平时不显山不露水的李爽和竟然表演了一段街舞。他上穿一件紧身T恤，下穿一条宽松的裤子，从书包里拿出一顶帽子，随随便便往脑袋上一扣，看起来赖赖的，跟平日判若两人。这模样，跟电视上看到的街舞表演蛮像的，看来是有备而来啊。

音乐一起，李爽和全身跟着晃动起来。在我这个外行看来，他的动作难度也许不大（因为我没看到他用头在地上转圈），但协调性还是非常不错的，那一连串太空步也像模像样。底下响起了一阵尖叫，掀起了一个小高潮。

轮到班里最调皮的赵凯轩表演了。他一脸严肃，左手拿着一张白纸上了台。"看来是变魔术吧？""赵凯轩还会变魔术？从来不知道啊。"

赵凯轩双手郑重其事地提起纸的两个角，从台左走到台右，把纸的正反两面向台下展示了一番，果然是变魔术的架势。底下的观众都瞪大眼睛，眨都不眨一下，就等着找他的破绽。

只见赵凯轩面露一丝诡异的笑容，对台下说道："各位，我既不唱歌也不跳舞，今天我要以我的方式——一种独特的方式给大家露一手。我相信，一定会让在座的各位永生难忘。"

"别卖关子了，赶紧表演吧。"底下有人忍不住了。

"别着急，好饭不怕晚，我马上开始。"赵凯轩又绕台一周，"各位注意了，看好了，我开始露一手了！"

只见他左手拿纸，右手从纸的中间戳了过去，五个手指还一伸一缩的。大家正莫名其妙，他已经跳下了台。全场的视线都追随着他，他兀自走回自己的座位坐了下来。

　　"啥意思？你把纸戳破干啥呢？""是啊是啊，还没表演怎么就下去了？"赵凯轩耸耸肩，摊开两手，说道："我已经表演完了啊。""你不是说给大家露一手吗？怎么没露？""我露了啊，我把右手露出来了啊。"有人还在发呆，反应过来的已经笑成了一片。

　　李清要表演的是弹钢琴。钢琴太重了，没法搬到会议室，她就把自己在家里弹钢琴的情景拍成视频，用大屏幕播放给大家。王志远也把他的绘画和书法作品做成了ppt，同样用大屏幕展示给了大家。

　　时间过得飞快，会议室里笑声、掌声、尖叫声响成一片，科任老师也和同学们一起大声笑着、闹着。班里真是藏龙卧虎，才艺展示让大家加深了对彼此的了解，平日文文静静的同学，原来也能如此疯狂。

　　最后，大家起哄让科任老师一人表演一个节目。小巧玲珑的英语老师表演了一段健美操，活力四射；体育老师表演了一段搞笑的猴拳；五十岁出头的通用技术老师推辞不成，竟然捏着嗓子唱了几句京剧《贵妃醉酒》……

　　师生之间可以通过这样的方式了解对方。彼此了解了，这对以后的教学、班级管理、师生关系有百利而无一害。

64. "我比窦娥还冤"

下课铃响了，英语老师走进办公室，后边跟着梗着脖子、一脸不服气的王晓光。英语老师沉着脸说道："让你们班主任解决吧，我待会儿还有课。"我抬头看着王晓光，他一下子激动起来了："刚才英语老师罚我站了一节课！我是迟到了，但总该问问原因再作处理吧！"

"迟到就是迟到，迟到还有理了？这是认识错误的态度吗？"英语老师也火了。我赶紧熄火："王晓光，你先去上课，回头我再找你。"我边说边把他推出了办公室。

打发走王晓光，我端起英语老师的水杯双手递了过去，对她说："赶紧喝口水，马上又要上课了。消消气，看我回头收拾他，给你报仇雪恨。"英语老师扑哧一声笑了："瞧你说的，我会真的跟一个小屁孩较真吗？""那当然不会了。不过这小子也该收拾收拾了，瞧他那态度，不修理修理该上房揭瓦了。"

和完稀泥，我看看今天的课表，发现有节自习，刚好利用这个空当儿和王晓光谈谈。我担心办公室人多，不利于王晓光说心里话，就选择在操场和他谈。

"现在平静点了吧？刚才那么激动能解决问题吗？到底怎么回事？别着急，慢慢说。""下午来校的路上，我遇到三班一个女生，她的自行车坏了，手足无措地站在那里。老实说，我怕第一节英语课迟到，还犹豫了一下，打算一走了之，但这么做也太不绅士了。我就停下来帮她修，原来是链条断了。那就好人做到底，让她骑着我的车子先走，我帮她把车子扛到修车铺后就赶紧往学校跑，紧赶慢赶还是迟到了。英语老师不问青红皂白，劈头盖脸就是一阵狠批，说我是故意迟到，根本就不容我开口解释，还罚我站了一节课。我不服！我冤！我比窦娥还冤！"王晓光说着说着又激动了。

"我也觉得你挺冤的，我完全理解你的冤屈。你助人为乐不被表扬也就罢了，还被罚站！搁谁身上也没办法想通啊！"我先对他表示了同情。

"所以我觉得冤啊！谢谢老师能理解我。"王晓光的语气平和了许多。

我把话题先转移了一下："前两天，地理老师上课迟到了五分钟。当时咱们班同学心里都挺气愤的，觉得这老师也太不负责任了；教务处也查出来了，记了迟到。后来地理老师被扣了奖金，学校还把他的迟到当教学事故贴在了橱窗里公示。"王晓光接着说："后来我们才知道，地理老师是因为遇到一个小同学头上磕了个大口子，血流不止，抱起他去医务室包扎，才耽误了几分钟。学校这么处理也太不仁义了。"王晓光为地理老师打抱不平。

"你冤枉学校了，是地理老师坚持要按制度处理的。他说耽误学生五分钟，这五分钟他怎么努力也追不回来，这样严重的后果已经摆在那里了。再说，如果人人都强调理由，制度就成了虚设。想想也是，谁犯错没个原因呢？"

王晓光点点头，认可地说道："横穿马路的人也许真有急事，可如果人人都这样，斑马线就没必要设了，红绿灯也不要了，那马路上的情形也不敢想了。"

"对啊。我没交作业有原因，你上课开小差有借口，他迟到了有理由……那老师怎么管理呢？课堂纪律怎么保证呢？"

王晓光想了想说："道理是这样。可是为了不迟到，我难道就不管那个女生了？"

"当然不是，一码是一码。迟到罚站，是不是大家制定的班规？英语老师按班规执行没错啊。至于你助人为乐，当然应该表扬了，做得对，以后还得坚持。顺便说一句，学校对地理老师既处罚了，也进行了表彰和奖励。"

王晓光问："那我还是不明白，英语老师为什么不问青红皂白就罚站，她应该问问迟到的原因再处理也不迟啊。"

我向他解释："要说问问原因也是应该的。可是，不问也有不问的理由啊。你想，问问你为啥迟到，问问他为啥没按时交作业，再问问他怎么打盹了……一节课还怎么完成教学任务？"

他爽快地说："听老师这么一讲，我觉得我对英语老师的态度还真的有问题。我先去找她道个歉吧。"我点点头表示赞许，又补充了一句："至于你迟到的原因，我会向英语老师解释清楚的。"

65. 人人都有第一次

　　"老师好——"我从教室门口经过，教室里响起了惊天动地的问好声，这声音还拖着长长的尾音。别以为这是学生在对老师表示格外的尊重，那些男生声嘶力竭地吼出"老师好"时，声音里明显带有不怀好意的味道。

　　地理老师刚毕业，应聘来学校当了代课老师，学生明显有点欺负他。我开始关注地理课堂，想搞清楚问题到底出在哪里。

　　课下我找地理老师谈心。他问我能不能在他上地理课而我没课时坐在教室后边备课、改作业，帮他维持一段时间的纪律。我坦诚地告诉他，这样做对他不好，课堂上的事他应该学着自己解决。不过，如果他不介意的话，我愿意在他上课时暗中观察，发现问题可以给他出主意、做参谋。他说求之不得。

　　班里正上地理课，我站在窗外观察。这一看，我气坏了，底下干什么的都有：睡觉的，说话的，挤眉弄眼的……认真听课的没有几个，根本就不像个课堂。我一看老师，一个人在讲台上唱独角戏，该板书时板书；该面对学生的时候，他的眼睛总是看着窗外，不敢跟学生对视。

　　谁都是从年轻时过来的。作为老教师，帮年轻教师一把我义不容辞。我找地理老师分析原因，告诉他应该注意的问题，首先要敢于管理自己的课堂，不能躲避。

　　我继续关注，发现地理老师开始正视课堂上存在的问题了。

　　一个男生说话的声音很大，地理老师走到他跟前，让他站起来，他偏不站，还说那么多人说话，凭什么就让他站，看上去比地理老师还理直气壮。地理老师尴尬地站了一会儿，竟然说："你不站就继续坐着吧。"他转身走上讲台继续讲课。躲在窗外观察的我差点被他气笑了。

　　我极力克制着自己想破门而入教训那个男生的冲动，担心帮不了地理老师反而更让学生看轻他。

　　一个人的成长总得有个过程，那就换个角度来帮他吧。我打算从学生这一面做做工作。我布置了一项任务：下周的班会时间，以抽签的形式，让抽到的同学站上讲台给全班同学讲三分钟的课，具体内容自己选择。

"第一次当老师"主题班会如期开始了。讲台上放着一个小盒子，里面装着全班同学的名字，我从中抽出了一个，是孙建。他选择的内容是鉴赏一首短诗。在朗诵——其实是朗读——给大家听的时候，孙建低着头，弯着腰，拿着书的双手有点哆嗦，声音很低。直到把准备的东西读完，他都没敢抬头看下边一眼。

第二个上台的是李龙楼，他选择的是歌曲欣赏。王力宏《唯一》的伴奏响了起来，李龙楼开口了："我的天空多么的清晰，透明的承诺是过去的空气，牵着我的手是你……"据说李龙楼的歌唱得相当不错，很有王力宏的范儿。怎么一开始就是颤声？不用说，肯定是因为太紧张。

第三个抽到了江河。人高马大的江河站上讲台，却显得有点渺小。他还没开口，就摸了一下鼻尖，眼睛斜过来看看站在门口的我。后来，在他说话的那几分钟里，手摸鼻尖的动作几乎持续始终。每摸一下，底下就爆发出一阵笑声。下边一笑，他就再紧张地摸一下鼻尖，然后再斜眼看一下我。好不容易说完了，江河赶紧下台，还差点摔倒，又引起了一阵笑声。

……

一节课的班会，上台展示的同学占到了全班的三分之一。表现不错的同学也有，但人数不多；大多数同学因为紧张，表现得都不尽如人意，有失水准。

下课前，我总结道："今天，很多同学有了第一次当老师的体验。有些事看似容易，但真正做起来却不是那么简单。记得老师初上讲台的时候，准备了足足一个小时的内容，没想到不到半个小时就彻底讲完了，然后就在这辈子最最漫长的十分钟里饱受煎熬。人人都有第一次，第一次对大多数人来说都不容易，我们能否宽容地给别人一个成长的空间？这次班会后，希望大家反思一下自己在地理课上的表现，来个换位思考。"

学生在后来的地理课上多少有了些改变，但治本的办法还是需要老师自己努力，尽快做到能够完全掌控自己的课堂。

四周过去了，地理老师在和学生的磕磕碰碰中缓慢地进步着，并在忐忑中迎来了月考。没有悬念，我们班的地理成绩比老教师带的那几个班差远了。

成绩出来后，我去批发市场买了一大包奖品，放到地理老师的办公桌上。他不解地看着我，我解释说这是以他的名义给学生买的。他不好意思地说："地理成绩并不理想，学生的表现也不能让人满意，这奖励会不会师出无名？"

我说不会，成绩再不理想，总能分出个高低来；班里总有表现相对不错的孩子，这个举动也许能改善他和学生的关系，就算起不到什么的作用，也绝对不会有坏影响的。说完，我递给他一个单子。单子上列举着各种奖励名目、学生姓名及奖品：月考成绩前十名同学的奖品是软抄本，课堂上最守纪律的五名同学的奖品是造型别致的指甲刀，作业最整齐的五名同学的奖品是钥匙链……这个奖励名单是我煞费苦心列出来的，几乎把全班同学"一网打尽"了。

奖品是由地理老师颁发的，我没有参与。地理老师后来向我反馈，说很多同学听到自己的名字时有点不相信，领到奖品后挺不好意思的。

后来，我在班上说："地理老师用自己本就不多的代课费给大家买了奖品，这让我很感动；他对咱们班同学很了解，这让我很佩服；他对每个同学身上的闪光点都抓得很准，说明他是很用心地想带好这个班。希望大家能够理解他，配合他。"

那些调皮捣蛋的同学在周记里写道，一想起地理老师用代课费给他们买的奖品，就不好意思捣乱了。地理课堂终于成了一个正常的课堂。

66. 领导接待日以后

学校每学期有一次领导接待日活动，每个班派两名同学参加，向校领导反映对学校方方面面的意见并提出合理化建议。按说这是个好活动，能做到下情上达，改进学校的工作，也可以给领导决策打下良好的基础。可是，我们班竟出问题了。

领导接待日后，数学老师对我们班的态度大变。据班干部反映，数学老师最近上课时，总是拐弯抹角地讽刺大家，尤其是对李清和柳林华的态度，简直称得上是恶劣。

我不相信学生的话，我问班干部是不是对数学老师有了偏见，他们想了想，摇头否定，说数学老师跟以前真的不一样了。比如，李清和柳林华的作业有了问题，数学老师就会在班里说："两个这么优秀的学生，怎么连这么简单的题都做不对呢？我都不相信自己的眼睛了！"谁都能听出话里的味道。

李清和柳林华也来找我反映，说有一次他们和数学老师打了个照面，向她问好，可她跟没看见、没听见似的。我说："也许真没看见、没听见呢？"他俩说："不可能，面对面走过哪能看不见？那么大声音哪能听不见？一定是出什么问题了。"我百思不得其解。

我委婉地问数学老师最近班上的情况怎么样，她夸张地回答道："你们一班的学生很优秀啊，一个个都跟人精似的。"我也听出话里的味道不对。

我和全班同学继续蒙在鼓里。

终于，从二班传来了一种说法——在领导接待日上，我们班派去的代表李清反映数学老师上课不管纪律，只顾自个儿讲课，效果不好；柳林华也就这个问题补充了几句。其实这也是大家平日里对数学课的意见。领导在反馈意见时和数学老师谈了，数学老师向二班同学私下里打听是谁说的，二班的代表说是一班的李清和柳林华说的。

我把这件事的前因后果想了一遍，觉得十之八九就是这个原因。

我先做学生的思想工作。我说："大家多虑了，数学老师对咱们班并没有什么成见，我希望咱们全班都好好努力，哪个老师会不喜欢学习好的学生呢?"

我打算找机会和数学老师沟通一下。

机会终于来了。年级聚餐，气氛不错，我趁机对数学老师说："班里的学生不懂事，如果做了什么让您生气的事，您就原谅他们吧。再怎么说，他们也还是孩子。"

数学老师坦诚地说道："没事，都过去了，是我小心眼了。我刚知道李清和柳林华给我提意见时非常生气，觉得这俩孩子可真有城府，不留神就在背后捅我一刀，有什么意见可以直接给我提啊，没必要说到领导那里。唉，我就是个俗人，闻过则喜一时半会儿还做不到。后来，我冷静下来想了想，知道是自己想多了。再说，学生说的问题我还真存在，最近我正在试着改正呢。"

聚餐后，数学老师和我们班的关系很快恢复了正常，数学课堂上的纪律也有了改观。

67. 温馨教师节

早上一进教室，我吃惊地发现后边黑板上有两行醒目的美术字。上边一排稍小，写的是"祝张青娟老师（班头、娟姐、气质女……）"，下边一排很大，写的是"节日快乐"。

看着黑板，我足足愣了好几秒钟，吃惊、感动、喜悦、不安……孩子们瞪大眼睛看着我的反应，我复杂的表情把他们逗乐了，教室里爆发出一阵笑声。

今天是 9 月 10 日，教师节。刚一开学，班长就来问我怎么庆祝这个节日。对于其他的节日，我还好发表一下意见，唯独这个教师节让我很为难，我就说让他们自己决定吧。没想到他们给了我这么大的一个意外。作为班主任，我马上意识到这样做有些不妥：其他老师进来后会是什么感受呢？

"这是我收到的最好的节日礼物了，谢谢大家。不过，我觉得如果把上边一排改成'祝老师们'是不是更恰当呢？"

班长站了起来："班头不是说过称呼姓名是对个体的尊重吗？我们斟酌过了，一定要让你觉得这个祝福就是给你的。刚开始我们想写'班主任'或'语文老师'，但这两个称呼面太宽了，我们才决定直接称呼大名。至于括号里边，那是选了三种大家公认的最亲切、最能表现我们心意的称呼。省略号我就不用解释了吧？"

"再一次感谢大家的良苦用心。我想大家没有明白我的意思，待会儿其他老师来上课时会是什么感受呢？"

"哦，原来班头担心的是这个。那你在接下来的第一节物理课前再来教室看看就知道了。"班长卖了个关子。

下了早读，我迟迟没有离开教室，忐忑不安地看着他们怎么处理。只见板报组组长拿着板擦和彩色粉笔走到黑板前，干脆利落地把上边一排改成"祝李建宏老师（帅哥、足球王子、天线宝宝……）"，写完后拍拍手，转身冲我笑笑。我也会心地冲他一笑，放心地离开了教室。

这一天，每一个给我们班上完课的老师回到办公室后都神采飞扬，脸上洋

做学生最好的成长导师——张青娟班主任工作艺术 99 例

溢着发自内心的幸福。那个被称为"天线宝宝"的物理老师,假装愤怒地说:"这帮坏小子,竟敢叫我'天线宝宝'!看我怎么收拾他们!"大家看着他那张可爱的娃娃脸,异口同声地惊呼:"天线宝宝?太像了。"他摆了一个"天线宝宝"的造型,办公室飞出了一阵笑声。

下午快放学了,我一看课表,发现今天没有体育课,信息技术课是去机房上的,这两位老师有没有收到学生的祝福呢?我赶紧找来一个学生询问。"昨天我们在操场上就把祝福送给了体育老师。体育老师刚一说'同学们好',大家没按惯例喊'老师好',而是按课前约定的齐喊'老师,节日快乐'。信息老师收到的是我们制作的一张动漫贺卡。今天老师一打开邮箱,啧啧……"

我再一次会心地笑了。

三省吾身

——反思，孩子促我成长

68. 我请大家当镜子

大屏幕上出现了醒目的大字：

> 以铜为镜，可以正衣冠；以古为镜，可以知兴替；以人为镜，可以明得失。

我请大家齐读这句话，并请知道出处的同学解释了这句话的意思，然后过渡到今天班会的主题上："我们相处两个月了。今天，我请大家做我的镜子，把我身上存在的问题一一照出来，我一定虚心接受，坚决改正。为了能使老师进步，也为了我们班的未来，请大家知无不言，言无不尽。谢谢大家。"

班里鸦雀无声，大家面面相觑，一时有点不知所措。我耐心地等着，满含希望地看着班长，鼓励他先开口，带个头。班长犹犹豫豫地站了起来："那我就先抛砖引玉吧。老师，您的普通话发音有问题，韵母带'u'和'ou'的字有些您读不准。""是的是的，比如说'演奏'的'奏'、'阅读'的'读'。"

我笑着说："谢谢班长，你的意见提得非常好。以后如果老师读错了，大家随时指出来，有奖品的哦。"说的时候，我脑海里闪过了钥匙链等小饰品的影子，决定周日去批发市场买一堆回来备用。

"老师，您的衣服颜色太暗了。您应该穿得亮一些，会显得年轻、有活力。"一个女生发言了。"您可以尝试着改变风格，可是亮色未必适合老师啊。""可以试试嘛。""好，先试试再说。"

一个很沉稳的男生站起来说："老师，我觉得您有点言行不一。"我吃了一惊："此话怎讲?""老师，您说过应该允许学生犯错误，只要改了，还是好学生。可是，每次有人犯了错，您都很生气，一副'恨铁不成钢'的模样，搞得没犯错的人都紧张，觉得挺压抑的。"好几个同学都点头，有人补充道："其实犯错的人本来心里就不好受，老师的表情有点雪上加霜啊。"

这一点我完全没有意识到，于是赶紧表态："是有点口是心非、表里不一。老师接受，以后尽量做到表里如一。"也许是我的真诚感动了大家，同学们不再有顾虑，班里的气氛活跃了起来。我微笑着频频点头，还不时在纸上做些记录。

"老师，上周您做了一件让我至今想起来还感到伤心的事。"王康弘发言了。"这么严重？那我先向你说声对不起。我竟然想不起来怎么伤害了你，再次向你说声对不起。"我移了两步，避开讲桌，真诚地向王康弘鞠了一躬。

大家先是盯着我，然后又不约而同地看着王康弘。王康弘的脸红了，又是摇头，又是摆手："老师，不用这样，其实也没有什么，就是上周三课间在操场看到您，我问了一句'老师好'，您回了一句'陈刚好'。老师，我不是陈刚，我是王康弘啊。我伤心的是您带我们都两个月了，还是不知道我是谁。"

我的心猛地一沉，这个错我可不是第一次犯了。

不知怎么回事，王康弘和陈刚这两个孩子我就是分不清楚，觉得他俩长得特像。开学第三天我第一次在班里叫错他们名字的时候，我还开了句玩笑，说他们俩长得可真像。大家从不同方向扭过头看了看这两个同学，"轰"的一声笑了："老师，他俩一点也不像。"也许那次是因为刚刚开学，大家彼此还不怎么熟悉，对我叫错名字觉得情有可原，所以当事人也没怎么放在心上。为了不再叫错他俩，我可没少下工夫，再也没有在教室里叫错过他俩的名字。可是，一旦离开教室，少了座位、同桌这样的参照物，我就又分不清他俩了。

我一直觉得能尽快地、准确地叫出班上每一个孩子的姓名，是一个合格的班主任必备的素质；我还觉得，准确地叫出别人的姓名是对人起码的尊重。我怎么能在带了他们两个月后还犯这样的错呢？竟然还是同一个错误？我觉得自己不可原谅。

我再一次深深地向王康弘鞠了一躬，真诚地道歉："错了就是错了，我不能再找客观原因为自己辩解，这样只能错上加错。将心比心，如果别人叫错我的名字，我可能会表现得很过激，即使表面不动声色，心里可能会恼羞成怒。所以，对不起，请原谅。"我又向一直都没吭声的陈刚鞠了一躬："对不起，也希望你能原谅老师。"

经常请孩子们当当镜子，能让我发现工作中存在的却经常被自己忽视的问题，使我下一步的努力有了方向，也能让我和孩子们的相处更加和谐。

69. 我的眼中也有你

老师：

　　三年高中，我留下了一个深深的遗憾，就是从未享受过被您敲脑壳的待遇。每次当您伸出右手、手心向上、轻握拳头、突出食指的一个关节，就会有一个调皮的男生脖子缩着、身子向后仰着、脸上却挂着若隐若现的笑容，等待着那个食指轻轻敲在自己的脑门上，那是一种既像要躲又像是盼的动作和表情。三年了，每次看到，我总会痴痴地想，哪天我才能像他们一样也享受一次被敲脑壳的待遇呢？

　　您可能不知道，班上那几个最捣蛋、被您敲脑壳次数最多的男生曾经在班上炫耀过，还说如果长时间没被您敲过脑壳，心里就空落落的，就故意犯一点无关紧要的小错，享受您在脑门上轻轻一敲的待遇，然后心里就踏实了。我听后，也想像他们那样，哪怕就一次，让您的手指轻轻敲在我的脑门上。

　　有了这个念头，在有您的场合，为了引起您的注意，我就开始紧张地酝酿，不知到底该说小话还是该做小动作。在我身子扭来拧去、左思右想拿不定主意时，您只是看了我一眼，我就立刻重新变回那个守纪律的学生了。

　　唉，整整三年，无数次的蠢蠢欲动，无数次的努力，最终还是化成了泡影。现在，这个遗憾再也没法弥补，只能长留在心里了。

　　老师，您也许会感到奇怪，可是，就算您不理解我的想法，那也真的是我的一个遗憾啊。

您的学生　于歌

这是一个已经上了大学的女生发给我的 E-mail。就像她最后写的，我真是感到奇怪，完全没法理解她的想法。

我有个习惯，对那些上课打盹的学生，我会边讲课边慢慢走到他们身边，敲敲他们的脑袋；对那些问问题的学生，我经常启发他们回忆相关知识，等他们恍然大悟时，我会敲敲他们的脑袋；对那些写字时眼睛离桌面太近的学生，我也会轻轻敲敲他们的脑袋，提醒他们保持距离……这实在不能算是一种什么待遇吧？

于歌是个很内向的女生，整天安安静静的。她上课认真听讲，按时完成作业，成绩不好也不坏；她从不迟到早退，学校、班级的要求她都能不打折扣地做到，从不违反纪律；就连写字的姿势都端端正正：这是个让人非常省心的学生。

也许，问题就出在这里。一般情况下，班主任关注的大概都是两头的学生——成绩好的、表现突出的和成绩差的、调皮捣蛋的，对那些成绩不好不坏、表现规规矩矩的中间生，就有意无意地忽略了。原来这个渴望被我敲脑壳的女生是以这种方式寻求老师的关注啊。

"悟以往之不谏，知来者之可追。"我要把注意力分出一部分给那些曾被我忽略的中间生。

"理发了？板寸很适合你啊，看起来特精神！"我对一个刚刚理了发的男生说。"昨天晚上写作业写得很晚吧？我觉得你好像有点睡眠不足。注意休息啊。"我对一个肿着眼泡的女生说。"蓝色很适合你啊，看起来真是青春靓丽。"我对一个穿了一件新衣服的女生说。"腰板挺起来，别总是弯腰驼背的！"我对一个总是弯腰驼背的男生说。

……

我要让这些话成为我和学生，尤其是那些常常被忽略的中间生交流的载体，我想让他们知道，我的眼中也有他们。

70. 孩子，这个社会还不够完美

李华在周记里记录下了这样一件事：

    自习课上，化学老师来回巡视。我正在绞尽脑汁地解化学题，一个选择题像一座大山横在面前，我算来算去都是 A，可答案却是 B。已经花费了十多分钟了，我心里着急，就向同桌请教，把自己的解题思路演示了一遍，同桌也没发现问题出在哪里，就让我直接问老师。

    我犹豫了好一会儿，我觉得化学老师好像对我有成见，对我很冷淡，也许是因为我的化学成绩不好的缘故。看看全班同学争分夺秒地复习，我更着急了，我想也许是我多虑了，老师不都说喜欢提问题的学生吗？我终于下定了决心，等化学老师转到自己身边，我赶紧站起来向化学老师请教，化学老师扫了一眼题，口里只吐出了一个 B，还没等我再开口，她已经转身走了。我只好重新坐下，觉得自己真是笨得不可救药了，大概确实不是学化学的料，问的问题太小儿科了，化学老师都不屑于解答。看我垂头丧气的样子，同桌安慰我："问问韩梅，她化学强着呢。"

    韩梅是化学课代表，是化学老师的得意门生，更重要的是她待人很和气，有问必答。我回头问坐在后边的韩梅，她二话没说，拿过草稿纸就算开了，最后也是 A，正好化学老师又转回来了，她就问化学老师。我赶紧回过头来，怕化学老师对我的印象更坏了，还担心化学老师埋怨韩梅连这么简单的题都不会做。我竖起耳朵听着，并没有听到化学老师的埋怨，也没有听到一个简单的 B，传入耳中的却是化学老师耐心、仔细的讲解。

    我的眼泪不争气地流了下来，吧嗒吧嗒地滴在那本化学练习册上。同桌不知该怎么安慰我，叹了一口气，以示同情。韩梅搞清楚后，又细心地给我讲了一遍，可我怎么也听不进去。我在心里暗暗发誓：再也不会问化学老师任何问题，再也不承认她是自己的老师，因为她不配！

我看后心里沉甸甸的，不管出于什么考虑，化学老师的做法是不对的，她深深地伤害了一个孩子敏感的心。可是，事情已经发生了，作为班主任，我该怎么办呢？我不想让一颗仇恨的种子早早就种在了一个孩子的心里。我和李华谈心，尽力安慰她，也替化学老师开脱，但绞尽脑汁想出的理由连自己都觉得牵强。

记得有一次，科任老师要用我们班上一节大型公开课。通知孩子们后，大家都很认真，反复预习，查阅资料，读读背背，尽力配合老师唱好这出戏。其实，这样的准备已经过了，但在现在的各类展示课上早就司空见惯了。

没想到的事还是发生了。这个老师竟然把这节课的内容详细分解，每一个提问该谁回答都落实到了具体的人身上，还要求大家上课时不管会不会都要踊跃举手，说叫谁发言她心中有数。为了万无一失，同一节课的内容她竟然在我们班提前上了一遍。对此，我无能为力。我不知道这个老师以后该怎么面对学生。

一位老师最近上课面沉如水，动不动就大发雷霆。孩子们感到莫名其妙，只好小心翼翼，察言观色。尤其是李璐璐，觉得老师的眼光像刀子一样刺向她，让她全身发冷。

一天，李璐璐去教务处交资料，回到教室晚了一会儿，其实就紧跟在那个老师的后边打报告。老师好像没听见一样，自顾自地上课。李璐璐打了三次报告后，那个老师才阴阳怪气地说："原来你是要进我的课堂，我还以为你对我有意见，都不愿进我的课堂了。"

李璐璐这才明白了真相。上周学生评教，她给这个老师提了两条意见。但是就算老师知道了，也不会报复学生吧？当时不是说"知无不言言无不尽，有则改之无则加勉"吗？李璐璐哭着向我倾诉的时候，我只能拍着她的肩膀安慰她。

……

孩子，也许我得让你明白，这个世界还不够完美，哪怕是在最该完美的校园。但是，我们不能因为有了风暴雨雪，就否认了太阳的存在；恰恰因为这个社会还不够完美，我们才更应该付出努力。

71. 教室窗口那一小块透明玻璃

教学楼所有教室的所有窗户最下边都贴着玻璃贴膜，这是为了防止学生往外看开小差。但是，其中却有笔记本那么大的一块是透明的。

冬季到了，教室门都是关上的。那一小块透明玻璃就是教务处用来检查教师课堂教学的。作为班主任，我也经常站在这一小块透明玻璃的外边观察学生上课情况，以便随时掌握学生在其他课堂上的表现。

一次，我在别的班上课，正在组织课堂讨论。学生四个一组讨论得很热烈，我巡视时也加入其中，有时点拨，有时提醒——良好的课堂气氛一直是我努力营造的。

突然，我觉得教室里一下子安静了下来。我奇怪地抬头看看学生，全班都不吭声了，转过身子和后边一排讨论的同学又转回了身子。大家装模作样地看着书，眼睛却不时地瞟向窗户。我转头一看，原来班主任站在那一小块透明玻璃的外边，严肃地看着教室，眼神犀利。

我感到不舒服起来。班主任是不是觉得我的课堂乱糟糟的，需要她帮我维持纪律啊？这对一个教师来说是件很丢人的事情。即使她只是想了解一下她班学生在我的课堂上的表现，我依然觉得这是对我的不信任。我和学生的情绪都一落千丈，那节课后来的气氛再也没有恢复到原先那么热烈。

这件事让我开始反思自己的一些做法。

教务处通过这个"瞭望口"来检查教师的课堂教学，比如有没有坐着上课，有没有体罚学生，课堂纪律怎么样等等。对于这种检查，老师们比较反感，学生也不喜欢，都有一种被监视的感觉。所以，坐在窗户底下的学生经常会把一本书立在那个地方，挡住外边的视线。学校则会经常提醒班主任不要让学生挡住那个"瞭望口"。

我虽然也不喜欢教务处的检查，但在此之前，却从来没有觉得自己站在窗户外边有什么不妥。我自认为是一个负责任的教师，并以能够全面掌控自己的班级为傲。学生在我的课堂上的表现就不用说了，在其他任何一位老师的课堂上的表现我也都了如指掌。为了让学生形成健康的人格，我不赞成更不提倡他们打小报告。所以，我对班级的这些了解，大多依赖于我经常站在"瞭望口"外的观察。这样，我才能对症下药，班级才能稳定，学风才能浓郁，成绩才能突出，各种表现才能优秀。

如果没有自己在课堂上被其他班主任观察的那种不快，我也不会想到自己同样的行为给上课的老师带来的不适。"己所不欲，勿施于人"，孔老夫子的话真是知易行难啊。

虽然我没有能力终止教务处的检查，但从此以后，我再也没有在其他老师上课的时候透过那个"瞭望口""瞭望"过。

我还力争做到举一反三。其他老师课堂上出现的问题，我尽量不插手，让老师自己解决。如果科任老师把问题移交给我处理，我也尽量注意方法，在老师和学生之间架起沟通的桥梁，我绝不越俎代庖，还是由科任老师来射那临门一脚。这样做的目的有二，一是可以维护科任老师的威信，二是能够缓解师生之间的矛盾。

72. 对不起，老师冤枉你了

"老师！快！刘浩天和四班的一个女生在操场吵起来了！"

我一听，赶紧一路小跑来到操场。人高马大的刘浩天正和四班一个拿着扫帚的矮个子女生激烈地争吵，旁边有劝架的，也有看热闹跟着起哄的。

那个女生伶牙俐齿地步步紧逼："你还想动手吗？有本事你就打吧！"

刘浩天节节后退，边退边还击："谁要动手了？君子动口不动手。"

我赶过去，对着刘浩天喝道："怎么回事？跟人吵架算什么本事啊？老师平时怎么教你的？还不快向同学道歉？"

刘浩天看看我，刚要辩解，我更生气了："一个大男生和一个女生争吵，还有没有一点绅士风度了？"

刘浩天一脸不服，但还是无奈地对着那个女生说了一句"对不起"，那个女生下巴一抬，满脸得意。

我向教室走去，刘浩天跟在我后边，围观的学生自然也散了。

后来我才知道，那个女生扫地时，扬起了很多灰尘，刘浩天好心好意地提了个建议，让她先洒点水再轻轻扫，就不会扬起灰尘了。结果那个女生出言不逊，骂刘浩天"狗拿耗子多管闲事"，刘浩天忍着让她好好说话，她继续说些不干不净的话，这才吵了起来。知道内情以后，我真诚地对刘浩天说："对不起，老师冤枉你了！"刘浩天不好意思地连连摇头，说了一连串的"没关系"。

有一次，一个学生急匆匆地跑到我的办公室说："老师，吴纲和高三的一个男生打起来了！"天哪，吴纲也学会打架了？还是和高年级的男生？

我赶到现场，发现那个高三男生的脸上青了一块，吴纲倒安然无恙。我赶紧查看那个男生的伤势，要带他去医务室看看，他摇了摇头，说不用了。我瞪了吴纲一眼，对那个男生说我一定会严肃处理的，绝不会包庇自己的学生，请他相信我。那个男生犹豫了一下，转身走了。

我带着吴纲回到办公室。老实听话的吴纲竟然也会打架了，还把人家打伤了，这还了得？我生气地盯着他，好半天都没有说话。

吴纲先沉不住气了，低声解释道："那个男生太不像话了！咱们学校高一有个女生是回族，信奉伊斯兰教，戴着头巾。刚才那个女生从旁边经过，那个高三男生说人家戴头巾是因为长得难看，想盖住丑陋的头和脸。这是公然践踏人家的宗教信仰，非常恶劣。我就告诉他尊重别人的宗教信仰是一个人素质的表现，结果他捋起袖子就冲着我来了。我不想跟他打架，就往后退，他却气势汹汹地逼了上来，抡起胳膊就朝我头上打来。我闪了两下躲开了，他还不罢休。第二拳又过来了，我抬起胳膊自卫，刚好就打到他脸上了。我以前学过几年跆拳道，是为了健身的。这次我可能出手重了。"

　　我的火气消了，吴纲做得对。我对吴纲说："那你以后可不能轻易出手，免得伤人。不过这次真理完全在你这一边，如果老师在场，也会像你一样处理问题的。刚才老师没了解清楚就批评你，是老师不对，冤枉你了。"

　　当我们班学生和其他班学生发生矛盾、摩擦时，我的第一反应总是不问青红皂白就狠狠地批评自己的学生，因为我一直认为，老师不能偏袒自己的学生。错了当然要批评，但不能错误地批评自己的学生。所以，我要真诚地对我的学生说一声：对不起，老师冤枉你了。

73. 学生在看着我们呢

一个男生举手问道：“‘有教无类’分不分男女？”

“当然分。”我脱口而出，继续解释道，“孔子的教育只指男性。现在一般认为，女子接受学校教育出现在清末。可见，古代绝大多数女子是没有机会受教育的。”这是学习《论语》时课堂上的一个小插曲。

虽然我没想到学生会问这么一个问题，但我真为他们能提出这个问题感到高兴，这说明他们认真思考了。

一个男生站起来边说边比画。他先是拿起桌上几张卷子，双手恭恭敬敬地捧着，腰微弯，做出向老师请教的样子。然后马上转换角色，表情不屑一顾，漫不经心地远远瞟了一眼卷子：“噢，这个问题嘛，就这样了。”头一扭，表示人已经去了远方。其他同学给这个男生的表演配上了解说词：“这是男生问问题时某某老师的表现。”

那个男生继续表演。如果是女生问问题，老师就满面含笑，俯下身子，耐心细致地开始了讲解。这个男生模仿得惟妙惟肖，全班都有同感，于是爆发出一阵笑声，我也忍不住笑出了声。提问题的男生接着说道：“孔子说这话的时候，‘有教无类’要分男女，专指男性，就算我们生不逢时，但是时代发展到今天，难道教育就专指女性了？”

我不好当着学生的面对某某老师做过多评价，只好开了个玩笑：“我批评男生不留情面；女生犯了错，我也一样指名道姓，绝不会因为她是个女生就网开一面。所以，在批评大家这一点上，我是做到了‘有教无类’。”

作为教师，我们必须注意自己的言行举止，因为学生在看着我们呢。对此，我深有感触。

周一例行升旗。学生会的新成员站在主席台侧面，等着升旗仪式结束后上台和大家见面。我看到两个成员在升旗的时候没有立正，也没有向国旗行注目礼。随后，我在班上点评的时候批评了这种现象，最后我说道：“别说众目睽睽之下需要检点自己的一言一行，就是一个人独处时也应严格要求自己，力争做到'慎独'。"

　　课后，一个男生追出来对我说："老师，周五早上，您是不是走路上班的？""是啊。"最近我一直步行上下班。"过铁道的时候，我在公交车上看到您了。"学生别有深意地看着我说。我不明所以，回了一句："是吗？这么巧？"学生继续说："过车头的时候，我看到您站在栏杆里面。车头刚一过，您就第一个过去了。"我一下子明白了学生的用意，他是说我不但没有做到"慎独"，而且连在公共场所都没能做到遵守规则。

　　因为过去的时间不久，我还记得很清楚。当时我是站在最靠近栏杆的地方，也是在车头过后第一个走过道口的，但我真的没有站在栏杆里面。

　　我坦然地说道："我绝对是站在栏杆外边的。"学生笑着说："我是亲眼看到的。老师，您绝对是站在栏杆里面的！"我不知道怎么才能证明自己。刚好上课铃响了，学生进了教室。

　　第二天，我特意坐公交观察了一下，看看从车上看外边会不会出现视角误差，但没有得到让我满意的结果。

　　下班继续步行回家。走到道口，看到管理员，我灵机一动，问道："师傅，栏杆放下来后你们允许行人站在栏杆里边吗？"管理员奇怪地看着我："当然不行了，这样很危险的。如果行人能站在里边，还要我们管理员干什么？"我不放心，又问："有没有例外呢？"管理员斩钉截铁地说："不会有例外。"我心里一喜，觉得终于找到证明我遵守规则的证据了。

　　第三天一上班，我迫不及待地去了教室，告诉了那个学生我的发现。我对这个问题如此较真，让他感到奇怪。他应付道："那就算我看错了。"我感到万分郁闷，他还是坚持"眼见为实"，我真是跳进黄河也洗不清了。

　　这件事已经过去了，可是我再一次感到了"学生在看着我们呢"。

74. 猜猜我是谁

　　高一已经结束了。班里有八个同学选择了文科，下学期就要离开了。结业典礼后，大家回到班里为他们开了个小小的欢送会，其中有个环节是让八个同学各说几句话。

　　文静的梁琳琳最后站了起来："我真舍不得离开这个班级，我喜欢这个班级。但遗憾的是，也许还有同学连我的名字都叫不上来，我像个影子似的和大家相处了一年。如果可以重新来过，我希望自己可以换一个形象和大家交往。"

　　一年时间，其实也就九个月，不算太长，我担心真有同学不知道文静、内向的梁琳琳。怎么才能让梁琳琳的遗憾不再重演呢？

　　整整一个暑假，这个问题时不时地跳出来困扰我一番。思考后，我有了一个打算。高二第一次班会，我安排的内容是"猜猜我是谁"。

　　"老师，赶紧说说怎么猜！"大家很好奇，一个个跃跃欲试。

　　为了吊他们的胃口，我故意沉默了一会儿才说道："很简单，分这么几个步骤：一、每人准备一张纸和一支笔。二、写一段介绍自己的文字，可长可短，但必须抓住自己的特点；不署名，但后边需要留空行。三、写完后放进讲桌上的纸盒里，由班干部贴到后边的学习园地，供大家浏览。四、猜到是谁写的，就把他的名字写在后边的空行里；如果好几个人猜到的是同一个同学，就在他的名字后边画正字。五、下一次班会前，由班委会统计结果。被猜中次数最多的前三名同学是这次活动的优胜者，有奖励哦。"我刚一说完，大家就迫不及待地拿出纸笔，性子急的已经开始写了。

　　放学前，大家都把写的自我介绍交了上来。几个班干部留下来布置学习园地。全班的作品分几行整整齐齐贴在下边，上边中间贴着五个大大的美术字"猜猜我是谁"。

　　在接下来的几天里，除了上课，学习园地那里总是挤满了学生。作为班主任，我责无旁贷地参与了投票，没想到几个科任老师也忍不住参与了投票，气氛很是热烈。

统计结果出来了，第一名是吴家罡。他个头足足有一米九，是篮球场上的佼佼者，班里的体育委员。特点太鲜明了，加上"向姚明致敬"这样的题目，想猜不中都难。

王子鹏写的自我介绍，被猜中次数居第二。他给自己的文章起名为"我是纯爷们"。我猜除了刚从其他班调过来的八个学生之外，所有人单是看到题目就会一下子想到王子鹏。

这个王子鹏挺有文艺范儿的。比如冬天戴条围巾，还像"五四"青年那样一前一后搭在脖子上；说话细声细气，性格也像个女生，柔柔弱弱的。平时班里同学叫他"姐儿"，他好像也没怎么生气。

原来这些表现都是假象。他在文章里写道："听到别人叫我'姐儿'，我很难过，甚至感到恶心，这不是讽刺我不男不女吗？这比打我骂我还让我受不了。借此机会，我要郑重其事地宣布：我是一个纯爷们！"

被猜中次数排在第三的是一个叫黄丽玲的女生，她的文章题目叫"我的苦恼你不懂"。她是班里成绩最差的女生，她的苦恼、她的自卑，根源都在成绩上。

颁奖的时候有点沉重，尤其是王子鹏和黄丽玲上来领奖的时候，底下静悄悄的，一些同学的表情很复杂。

这项活动告一段落了，最后我请大家说说感想。

"给同学起外号的时候要考虑当事人的感受，不能伤害别人。"

"我觉得这项活动加深了大家之间的了解。有些同学平时不声不哈的，这一看，人家钢琴都过十级了！"

"尺有所短寸有所长，每个人都有自己的短板，理解万岁。"

"我提笔就写了八百多字，这在我的作文史上还是第一次呢。"

"黄刚林太搞笑了，他就是一个活宝。他这个人和他写的东西高度一致。"

这时，班里有了轻松的笑声。

"我的苦恼是我如实写了自己，怎么就没几个人猜中呢？"

"我笔下的我和大家眼里的我怎么就不一样呢？"

……

最后，我总结道："我们这个班集体是由一个一个的同学组成的大家庭，我们每个成员都应该对彼此有足够的了解，这才像个真正的家。至于有些同学笔下的自己和大家眼中的他不一样，这还真是个新问题。为了让大家更好地、全面地了解自己，了解自己在同学眼中的形象，以便发扬优点、改正不足，我们把'猜猜我是谁'变成下一期的'猜猜他是谁'，每人选班里的一个同学来写，其他规则跟这次一样。"底下一片欢呼。

75. 录音事件

化学老师怒气冲冲地进了办公室，把书本往办公桌上一扔，气呼呼地嚷道："这书没法教了！"刚才是我们班的课，我的心提了起来，小心翼翼地问道："哪个坏小子又捣乱了？别生气，我去收拾他！"

"还不是那个潘秋！上课先是睡觉，叫醒后又说话，影响了周围好几个同学。我刚批评了几句，人家还不乐意了，跟我吵了起来，道理比我多，嘴皮子比我利索！"

我一听也生气了：上课期间和老师争吵，连对老师起码的尊重都没有，还影响了全班上课，性质恶劣，不教育绝对不行！我克制着自己想马上冲进教室找潘秋算账的念头，担心冲动的情绪无助于解决问题，反而火上浇油，所以打算冷静冷静，下午再找潘秋谈话。

潘秋不是个坏小子，而是个女生，平时倒也文文静静的，对老师也挺有礼貌，但和化学老师好像八字不合，总是相看两生厌。以前就发生过几次冲突，追究起来，都是为了一些鸡毛蒜皮的小事。

下午，我差不多心平气和了，就叫来潘秋了解情况。还没等我开口问，潘秋就先开口了："老师，我知道您为什么找我。早上化学课上，我肚子疼得厉害，就在桌子上趴了一会儿，化学老师就冷嘲热讽地说：'有些人一上课就睡觉，桌子哪有席梦思舒服啊？还不如回家躺床上睡呢。'我知道化学老师讨厌我，也不想跟他解释，再说他是个男的，也没法跟他解释，只好用拳头抵着肚子，坐了起来。后来，同桌趁化学老师板书的时候，小声问我疼得厉害吗，我也小声回答：'挺过这一阵就好了，下课喝杯热水就会好点的。'就在这个时候，化学老师回过头来，刚好看到我在说话，就大发雷霆，骂我的话很过分。我是和他吵了几句，如果不是肚子疼，没有力气，我还会和他大吵一顿的！"潘秋说的时候还是很激动。

我说："你身体不舒服化学老师不是不知道吗？再说他看到你说话也是事实，批评你几句也是应该的。咱们班的规矩是，上课不能跟老师发生冲突；万一发生了，如果你觉得委屈，也得等下课后再解释，免得正面冲突，影响全班上课啊。你向化学老师道个歉。"潘秋坚决不依："要道歉也得他先向我道歉，我绝不会先向他道歉的！"我问："这么说你觉得自己和老师在课堂上争吵还有道理了？""我当然有错，我不该和老师在课堂上吵。可是，关键是化学老师说话太难听了！和他比起来，我觉得我犯的错都可以忽略不计。""人在气头上说几句过分的话也可以理解啊，初衷绝对是为了你好。""那绝对不是在气头上说了几句过分的话，简直就是不堪入耳！""老师到底骂你什么了，让你这么耿耿于怀？""我说不出口，反正太难听了！""这不是你的一面之词吗？化学老师不就批评了你几句吗？"

潘秋沉默了一会儿，说："他侮辱了我的人格，对我造成了极大的伤害！你可以找同学来了解情况，如果大家都没法说出口，我还有直接证据——化学老师骂我的录音。如果我拿出录音，我相信化学老师就不只是向我道歉的问题了。"我吃了一惊："什么录音？""他骂我时我偷偷用手机录下来的。"

我听了录音后感到十分震惊，没想到事情会是这样！这么棘手的问题该怎么处理呢？思来想去，我觉得还得从潘秋身上入手。

我问潘秋是否还记得上次她和妈妈发生冲突的事。那次，潘秋和妈妈吵架，两人都激动地说了些过分的话，还惹得潘秋离家出走了。看到潘秋点头，我接着说："人在气头上说话经常会出格，有时竟会非常过分，让别人难以接受，过后其实都挺后悔的。首先得承认，化学老师的话真的很过分，对你造成了很大的伤害。你能不能像当初原谅你妈妈那样原谅他呢？"

潘秋低头想了半天，终于点了点头："我也有点想通了，老师的出发点还是为了我好，不然他完全可以不管我的。我现在就把录音删掉，原本我还想把录音放到网上去，让更多的人来评评理。""谢谢你这么大度，能原谅老师的错误。"我真诚地说道。潘秋不好意思地笑了。

后来，和化学老师一起吃饭时，我感慨地说："现在的孩子维权意识很强，咱们当老师的也应该与时俱进，拿捏好批评孩子的分寸。不然，让他们录下音来放到网上，咱们可就被动了。"化学老师连连点头，我相信他听懂了我的话外之音。

金牌搭档

——那一年，我们一起成长

76. 我变成了一个准球迷（一）

那年，学校因为搞基建，影响了招生。高中只招了两个班，其中有十个体育长跑特长生。为了因材施教，学校是按中考成绩分的班。我就成了那个"差班"的班主任，十个体育特长生全在我班。

给"差班"上课的日子不好过，但最受煎熬的当然还是我这个班主任。

开学没几天，班里的"各路神仙"就都原形毕露了。一进教室，你会看到桌凳摆放得歪七扭八，笤帚胡乱躺在后边的地上，垃圾桶周围全是垃圾，讲桌上厚厚一层粉笔灰，黑板擦得五麻六道的。于是，老师上课都自带一张报纸，先铺在讲桌上，再把课本、教案放下。

度日如年般熬过了第一周。到了第二周，教室的后门被踢裂了，墙上出现了好多球印，最常见的一幕就是老师都站在门口了，一伙男生才拍着篮球，或者踢着足球，不慌不忙地从操场往回晃。进了教室，眼睛很快就睁不开了，干脆趴在桌子上睡觉。这还算好的，不睡的一定在说话，在找茬，反正绝不安生。下课铃一响，不管是醒着的还是睡着的，一下子全精神起来，从桌子底下抱起篮球、足球，一副马上冲出去占场地的架势。英语老师跟我开玩笑："进你班上课，我到门口就忍不住先打个哆嗦。"

我想了很多招，软的硬的都试过，但他们软硬不吃。当我苦口婆心打情感牌的时候，他们无动于衷；当我声色俱厉狠狠批评的时候，他们不屑一顾。

怎么办？虽然学校并没要求我要把这个班带成什么样子，可是这么下去，漫长的三年我怎么熬过去？

我苦思冥想，都有点走火入魔了。两天后，看到教室墙上的球印子，我想为何不以篮球为突破口呢？班会上，我说今天给大家讲个笑话，底下马上就来精神了，一个个抬起头，目光炯炯地看着我。

"有一次，韩复榘去一所学校视察，发表了讲话。他说：'我刚才看见一伙人抢一个球，这就不对啦……没钱，上俺那儿去领一点嘛。多买几个球，每人发一个，省得你争我抢的，不成体统嘛。还有那个篮子，整个就是个漏的，丢一个，漏一个。再没钱，补一补篮子总会吧……'"

底下笑得前仰后合，一个男生还弯腰从桌子下边拿起篮球，怪声怪气地说："那就一人发一个玩吧。"我没理他，接着说："咱们班很多男生都爱打篮球，篮球打得好的同学也不少，我和体育老师沟通了一下，让他从高二、高三选出一个球队，跟咱们班赛一场，敢不敢？"

"太好了，这下我终于有了用武之地。""就是，不然都可惜了我这一身球艺。""有什么不敢的？求之不得呢。"个子最高、算是体育生里边灵魂人物的何帆最后开了金口。

"那好，今天已经周五了，比赛时间就定在下周三下午第四节课，到时由体育老师担任裁判。我也正想看看咱们班的真实篮球水平呢。"

在他们紧锣密鼓备战的几天里，虽然上课时他们还和原来一样，但下课后他们起码没有时间去干其他的坏事了，班里安生了不少。

到了周三，全班都去操场为他们加油，对手是从高二、高三两个年级里挑出来的，我们这方全出自我们班，单从表面看，力量对比悬殊。

我对体育完全外行，但我站在旁边，声嘶力竭地为他们加油，立场绝对没有问题。不过，最后我们班还是以八分的差距输了比赛。我对这个结果已是相当满意，体育老师也说他们虽然是练长跑的，但篮球打得的确不赖。

他们耷拉着脑袋回到了教室，没有了以前的不可一世。当他们看到每人桌上都放了一瓶水时，感到很惊讶，这是我自己掏腰包让两个女生提前准备的。

我总结道："虽然我们打输了，但我觉得我们班真是打出了气势。李洋让对方绊倒了，膝盖都蹭破了，但还是坚持打完了比赛，也没有和对方发生冲突，表现得很有风度。我觉得队长何帆是场上的灵魂人物，他高高地跳起来把篮球扔进筐子里的那个动作实在太帅了……"

"老师，拜托，那叫扣篮，什么'扔'啊！实在太外行了！"

我虚心接受："哦，那个动作就叫扣篮啊，这个词果然很有气势，比'扔'有力多了。那我就再请教请教……"

连女生们也被深深吸引了，跟我一起接受了一门篮球知识的普及课程。这堂课的角色完全转换了，我变成了学生，他们变成了老师；我虚心请教，他们耐心地教导我这个基础为零的学生，并时不时地摇头、叹气，为我的无知感到不可思议。

"谢谢大家，我明白了很多篮球知识。不过，我还有很多困惑。这样吧，下次的班会由何帆主持，内容是怎么观赏一场篮球比赛，全班参与讨论。希望大家下去好好准备。"

在接下来的时间里，这群男生忙得团团转，他们进行了明确的分工，有的查资料，有的写稿子，各负其责，在班会前完成了所有准备工作。

到了约定的班会时间，我虚心地坐在下边当学生，何帆踌躇满志地上了讲台，底下一阵热烈的掌声，我也在其中使劲地拍着巴掌。

何帆从两个方面介绍了如何欣赏篮球比赛，他还让另一个同学介绍了观赛礼仪。这些知识对我来说非常新鲜，我被深深地吸引住了，下边的同学和我一样认真，听后很有启发。我相信再看篮球比赛时我就不会像一开始那么盲目了。

我对何帆主持的这次班会给予了很高的评价。会后，这群男生不像以前那么疏远我了。为了跟他们走得更近，我临时抱佛脚，硬着头皮看了 NBA 的一些资料，一有空闲，我就拎出提前准备好的问题向他们请教。他们很热心，耐心地围在我身边给我扫盲，有时竟有"恨铁不成钢"的无奈。不久，我嘴里也能蹦出几个球星的名字，偶尔还蹦出几个术语，令他们刮目相看，说我起码算得上一个准球迷了。

随着我的篮球知识的增加，我和学生的关系也慢慢地发生着变化。为了进一步推进师生关系，我以活跃学生课余生活为由，建议学生会组织一场班级篮球赛，结果被采纳了。

比赛期间，我站在场外当他们的忠实观众，为他们呐喊助威；我站在场外给他们抱着衣服，带着女生为他们准备了擦汗的毛巾，晾好了白开水……最后，毫无悬念，我们班拿了高中组的冠军。

接下来，何帆他们在我面前收敛了很多，有点不好意思和我捣乱了，班级开始像个样子了。

77. 我变成了一个准球迷（二）

在我由一个纯粹的球盲变成了一个准篮球迷、成功地走进了何帆他们这个群体的过程中，班级总体上算是稳定下来了，课堂纪律有了基本保证，老师们的课起码能顺利地上下来了。即使出现了一些问题，由我出面协调，也基本都能得到解决。

不过，且慢高兴。慢慢地，我发现前边坐着一个小个子男生也挺有号召力的。他叫刘建，话不多，课间他身边总围着几个男生；上体育课或者活动课时，这几个男生从不和何帆他们打篮球，而是踢足球。两队之间谁也不理谁，颇有点"井水不犯河水"的味道。

刘建没有和我发生过正面冲突，但有时我在班上说个什么事，他的嘴角会不经意地一撇，表现出对我的蔑视。班级的有些规定执行不力，我一了解，阳奉阴违者的背后十之八九都有这个刘建。找什么突破口接近刘建呢？我又开始了下一轮的苦苦思索。

周六正常上课。下午，刘建来找我请假。我关心地问："怎么了？是家里有事，还是身体不舒服？"刘建光明正大地回答："都不是，下午体育场有一场重要的足球比赛。"我没想到有人会以这样的理由请假，愣了一下，问道："就为了这么一点小事而放弃学习？"刘建激动了："这不是一点小事。对球迷来说，这绝对是一件大事。"我也有点激动："那学习就是小事？"

刘建梗着脖子，一脸的不服气："如果不准假，我就是坐在教室里也没一点用，还不如放我去看比赛呢。"他说得也对，但因为这么一个理由准他假，我还是下不了决心。

不过，如果能因此而走近他，这个险也还值得一冒。我问道："比赛几点开始？"刘建有气无力地回答："四点半。"我看看课表说："下午前两节是英语，你得按时来上；后两节是语文，回头我给你补上。怎么样，不影响你赶去看球赛吧？"刘建简直是喜出望外，一下子蹦了起来："谢谢您！"我把手指按在嘴边"嘘——"了一声："这么没有原则的事情，一定下不为例，你得保

做学生最好的成长导师——张青娟班主任工作艺术99例

密，如果大家都像你这样，这个班级我就没法管理了。""明白！"刘建调皮地向我敬了个礼，跑了出去。

周一中午，我利用午休的时间给刘建补完课，和他聊起了足球。刘建兴致勃勃地和我聊起了齐达内、罗纳尔多、贝克汉姆等大名鼎鼎的球星，刚明白了一星半点篮球知识的我对足球只能是一脸茫然。于是，我故伎重演，诚恳地向他请教，请他方便的时候给我讲讲足球知识，他爽快地答应了。能不能真正学到足球知识，我才不在乎呢，我原本就是"醉翁之意不在酒"啊。

不久后的一个周五，刘建来找我，郑重其事地说："老师，我请您星期天下午去体育场看球赛，现场给您扫盲。"我看着刘建，一脸的不解："去看球赛？还是去体育场？这么热的天？"那几天一直高温，每天的气温都在35℃以上。刘建一副不屈不挠的样子："就是在这样的天气状况下去体育场看足球。"我很犹豫，但刘建却非常坚决。我终于下定了决心："好，就去看一次！但咱们说好了，老师请你看。一张票多少钱？"刘建高兴地蹦了起来："您要请就下一回吧，这次的票我早就买好了。周日下午两点我来学校叫您。"

到了周日约定的时间，我和刘建一起去了体育场。来到体育场，门口值勤的安检人员要我打开包检查一下。我坦然地打开了包，里边装了四瓶矿泉水。人家当然不让进了。我还不明白，直问这么热的天，不带水怎么行呢？刘建耐心地给我解释，说这和何帆他们讲的篮球观赛规则差不多，是怕球迷闹事。刘建掏出水，递给安检人员说："辛苦了，送给您解渴吧。"拉着我就进去了。

刘建这次狠狠心买了两张甲票，用的是他争取了很久才到手的买球鞋的专用资金。要知道，他不但是个球迷，还是一个忠实的实践者，球衣、球鞋是他的最爱。为了给我扫盲，他豁出去了。

我和刘建坐在了看台上。球迷们冒着酷暑陆陆续续地在看台上就座，很快，看台上就座无虚席了。我对这个全国鼎鼎大名的"超白金球市"总算有了一个直观的认识。我好奇地东张西望。那些光着上身、背着大鼓、头上裹着大红毛巾、脸上还画着各种各样标志的球迷啦啦队，引起了我极大的兴趣。

双方球员终于进场了，看台上立刻响起了一阵欢呼声。一拨一拨的人浪从其他的看台传了过来，刘建随着人浪站了起来，恰到好处地充当了人浪中的一朵"浪花"。周围的人都站了起来，就我一个人坐着。刘建看出我有点尴尬，就若无其事地说："您不用理它，只管坐着就行。"

我对场上的球员一个也不了解，对足球规则一无所知。刘建边看边解释，什么越位、前锋、后卫等，他的耐心绝对是史无前例的。

看完比赛，我感慨地说：“看来，那么多人喜欢足球还是很有道理的。现代人的负担重，心理压力大，球场上倒是一个发泄的好场所。”

这场比赛过后，刘建看我时嘴角再也不撇了，男生中的两个核心人物都觉得我成了他们团队中的一员。接下来的事情不知不觉间好办多了。我们班上课时的纪律和另外那个“好班”差不多了，区别只是这些孩子的基础差了一些；其他老师如果告状，我就找他们谈话，他们也会给我一点面子。不过，他们的认错基本只落实到口头上，行动上还是一如既往。即便如此，我也很满意了，最起码正面的冲突没有了。

我舒了一口气，但马上告诫自己：革命尚未成功，同志仍需努力！

78. 让我们从讲卫生做起

我家离学校不远，上下班都是步行。路上碰到几个和我同路步行回家的女生，她们抢着帮我拎东西。我一路和她们闲聊着，很快就到了小区门口。既然到了家门口，我自然请她们进去坐坐。她们扭捏了一阵，才磨磨蹭蹭地进了门，问我要不要换拖鞋，我忙说不用，她们还是在门口的垫子上把鞋底蹭了又蹭，才坐到了沙发上。

"老师，你家真干净，真整齐。""是啊，不换鞋我都不好意思踩地板呢。"

"老师喜欢把家收拾得干净、整齐，这样才舒心啊。难道你们愿意待在脏兮兮、乱糟糟的地方？"她们笑了。

我脑子里猛的闪过了一个念头："你们觉得在咱们班教室里待着舒服吗？"

"唉，教室里脏了点、乱了点。"

"你们一天有那么长的时间待在教室里，不难受吗？"

"难受又能怎么办？那帮男生也太不讲究了，拿他们一点办法也没有。"

"就是，早上值日生刚搞完卫生，没多大一会儿，又让男生给搞乱了。"

我问："咱们能不能想点办法让教室变得干净、整洁呢？"

"想什么办法呢？"她们齐刷刷地看着我。

"这样吧，从明天开始，咱们几个人成立一个小组，生活委员李霞当组长，咱们都是组员。经过咱们的努力，看看能不能改变班级的卫生状况。""好吧，那就试试。"她们异口同声地响应。

我边想边说："作为组员，我想承包黑板和讲桌的卫生。上午、下午第一节课前，我保证去教室一趟，完成好自己承包的任务。但其他时间，就有劳李霞安排了。李霞，你给大家分分工吧。""没问题！"心直口快的李霞爽快地答应了。

第二天一大早，我手拿一块干净的抹布来到教室。值日生刚搞完卫生，效果差强人意。我不动声色地拿起板擦把黑板重新擦了一遍，用自己带来的抹布把讲桌擦干净。昨天那几个女生看到我的举动，互相使了个眼色后也站起来按李霞的分工行动起来：两个女生把摆放得不够整齐的桌凳摆放整齐；一个女生把垃圾桶周边重新收拾了一遍；李霞巡视了一圈，指着一个男生桌子下边的纸片喝道："捡起来！"男生看了看李霞，又看了看站在讲台上的我，弯腰捡起了他刚刚扔掉的纸片，团了团，转身扔向垃圾桶。扔偏了，纸团落到了垃圾桶外边。李霞还站在旁边瞪着他。"好男不跟女斗。"他嘀咕了一句，给自个儿找了个台阶下，然后过去捡起纸团扔进了垃圾桶。

下午上课前，我又拿着抹布去教室完成自己承担的任务。教室卫生存在的主要问题，还是扔得乱七八糟的纸片和吃过零食的塑料袋。李霞已经在盯着同学捡了。"这不是我扔的，干吗让我捡？"一个男生不满地喊道。"就算不是你扔的，在你凳子下边，就是你的责任区！"李霞既讲理也不失严厉。"我就不捡，我又没扔。"男生坐下来不理了。李霞委屈地看着我。我走过去，拍了拍李霞的肩膀以示安慰，然后蹲下来捡起了那个塑料袋，扔进了垃圾桶。好多同学都不满地瞪着那个男生，男生低下了头。

我们小组的成员坚持到第三天，又有几个女生加入了；到了第四天，当我拿起板擦的时候，值日的男生跑上来从我手里夺走了板擦。

第二周，我彻底"失业"了，值日生的卫生标准提高了，乱扔垃圾的现象减少了。

第三周，我发现许多桌子侧面都出现了一个挂钩，上边挂着垃圾袋，里面装着零零碎碎的垃圾。地面上偶尔还会出现纸片，不过，只要李霞往那儿一站，距离纸片最近的那个同学就会马上捡起来。

第四周，干净整洁的教室就再也不是梦了，一个良好的卫生习惯基本养成了。

79. 让学生自愿接受惩罚

"他连这样的损招也能想出来？"

"就是，那小子脸皮厚得赶上城墙拐角了。"

"他们那个'斗鸡眼'质量也太大了，扛都扛不动，没办法防守啊。"

"就是输球也不能输人！"

……

课间，一帮男生围在一起议论一场篮球赛。现在，他们已经不把我当成外人了，我已经成了他们中的一员，因此我也了解了他们的一些真实状态。

听着听着我忍不住插话了："大家说话时能不能不带脏字啊？有些脏字去掉了并不影响交流，换个说法会更中听啊。"

"刚才谁说脏话了？"何帆扫视了周围一圈，大有兴师问罪的意思。

"没人骂人啊。"大家面面相觑，一个个都显得挺无辜的。

我赶紧解释："不是说你们骂人，我的意思是大家说话时可以更文明一些，比如刚才说的有侮辱性的外号'斗鸡眼'。"

他们一下子全笑了："老师，您这是鸡蛋里挑骨头。大家平时都这么说话，有的就是一句口头禅，说的人和听的人都没把这当回事。"

"咱们这么有个性的人干吗要跟别人一样啊？别人那么说话，咱们可以换一种方式交流啊。我觉得咱们班应该成为一个更有个性的班级。何帆，你觉得呢？"

"也是，跟别人一样挺没出息的。要不，咱们试试？"何帆一开口，其他人当然就点头了。

"那好，咱们从哪儿改起呢？"我趁热打铁。

"谁如果说了不文明的话，就狠狠地罚：罚站，罚扫地，罚跑步，罚抄作业 20 遍……反正要罚得他下回不敢再说了。"

"放……你那大嘴又胡咧咧！平时大家都那么说惯了，要完全改变，一时半会儿恐怕也不容易吧？"一个男生的粗话差点又脱口而出，还好自己马上意识到了，及时刹住了车。"就是就是，慢慢来，不能操之过急。"

我怕他们打退堂鼓，赶紧说道："那这样吧，咱们就从课堂改起。有老师在，大家都会有所收敛，粗话不容易冒出来，坚持一段时间后，咱们看情况再慢慢推广到其他场合，没准儿以后就成了习惯。怎么样？"

"这个靠谱，可以试试。"

"有人违反了怎么办？"我怕这件事虎头蛇尾、最后不了了之，就赶紧追问了一句。

"那就罚站吧。一是可以不打瞌睡，二是可以不说闲话，三是不算太重，最长也就一节课。"

"这个可以接受。谁如果一上课就爆了粗口，算他倒霉，罚站一节课；谁如果快下课了才不小心说了粗话，算他运气好，下课后自行解禁。"

"我觉得可行。这样吧，何帆去拟一份倡议书，明天在班上宣读，如果大家没有异议，咱们就开始执行。"我总结道。

"老师，饶了我吧，我哪会写什么倡议书啊，换个人吧。"何帆往后退了。

我笑了："看你这点出息！倡议书就由我来拟，不过明天还得你来读，这个没问题吧？""这个可以。"何帆也笑了。

第二天，何帆向全班发出了倡议。

"做一个说文明话的文明人"倡议书

同学们：

　　良好的行为将影响你的一生。播种行为，收获的是习惯；播种习惯，收获的是性格；播种性格，收获的将是人生。为了克服不良习惯，我们发出以下倡议：

　　课堂上说话要有礼貌，不讲脏话，语气和蔼。具体做到：课堂发言用语要文明，不顶撞老师；课堂讨论用语要文明，对同学有礼貌。

　　如果违反，我们甘愿接受惩罚，从说出不文明用语的那一刻起，自愿罚站直到下课。

　　希望大家加入我们这个小组，也欢迎大家监督我们。

倡议人：何帆　××　××　××
×年×月×日

大家听后觉得新鲜，大多数女生平时说话本就没有什么问题，就踊跃上台把自己的名字签在了倡议书上，一些男生也签了名，还有几个男生犹豫不决。我已经很满意了，只要大多数人参与进来，循序渐进，结果还是值得期待的。

当天放学后，何帆来找我反馈情况，说上历史课的时候，一个同学回答问题时犯了个不该犯的错误，结果一男生脱口而出"××，连这个都不知道"，恰好这个男生也在倡议书上签了字，一群人都盯着他看，他开始还没意识到怎么回事，莫名其妙地看着大家，最后终于反应过来了，拿着书灰溜溜地站到后边去了。我笑着点点头，鼓励道："再接再厉！"

过了两天，在我的语文课上，一个女生朗读课文，声情并茂，大家报以热烈的掌声，我也情不自禁地为她喝彩。这时，只见一个男生伸出手，狠狠打了自己一巴掌，拿着书站到后边了。我没反应过来，问道："怎么回事？"

"老师，他刚才说了'××，读得像个播音员一样'，所以自己到后边罚站去了。"他的同桌解释道。其实，刚才的掌声淹没了他的不文明用语，只要他旁边的同学不揭发，他就能蒙混过关，但他自己选择了接受惩罚。

课堂上做到文明说话真的不算难，后来全班都参与进来，再后来，我们把范围由课堂扩大到了教室，进而扩大到了整个校园。

刺耳的话越来越少了。我坚信：只要坚持下去，养成一种习惯，即使到了校外，他们也不会爆粗口了。

80. 来自家长的一封信

周三上班时，传达室师傅给了我一封信，说是刚才一个家长让他转交给我的。我很纳闷，人都来了，干吗不面谈，还选了一种这么古老的交流方式？回到办公室，我拆开了这封写信人亲自送上门来的信。

张老师：

您好！

收到这封信，您一定感到很奇怪。是的，时代发展到现在，打个电话易如反掌，谁还会用这么老土、这么低效的方式来沟通呢？连我自己也没想到时隔多年我竟还会提起笔来写信。

我是您班上刘树林的爸爸。我接到了学校要开家长会的通知，但我周五要出差，赶不回去，特意写这封信向您请假。之所以没有选择打电话，是因为我没有勇气。

您别误会，刘树林并不是生活在单亲家庭，他生活在有爸爸妈妈、爷爷奶奶的一个大家庭。而且，除了我，其他人都在家。按说开家长会的人选还是有的，可是，我们家其他方面都挺和睦的，唯独在给孩子开家长会方面，谁都不会妥协。所以，我得向您请假，因为这次家长会轮到我去开了。

您可能越看越奇怪了，但事实就是这样。孩子上了高中后，这是第一次召开家长会，作为一个独子的家人，我们当然想全面了解孩子在校的情况。但是，孩子的成绩让我们全都丧失了勇气。

我最怕的就是开家长会，不只我怕，我老婆也怕，甚至连我的父母都怕。每到期中、期末，眼看要开家长会，我们一家如坐针毡。这次接到学校的通知是周二，老婆首先表态：'上次是我去的，这回轮到你了。'我知道轮到我了，可我周四必须去出差，机票都订好了。还有，上次家长会时那难堪的一幕又出现在脑子里。儿子的初三班主任是个二十来岁的小姑娘，家长会最后她点名留下了几个家长，要单独面谈，很明显是问题学生的家长。教室里有那么多空凳子，但班主任压根儿就没客气一声。她坐在讲台上，我们几个家长都心虚地围着她站着。轮到我的时候，班主任教训我大概跟教训我儿子没什么区别，我真是恨不得钻进地缝里去。想到这里，我看着老母亲，向她求援。老母亲干脆利索地拒绝了，说她不想再去丢人了。我又看着老父亲，老父亲的眼神躲开了。"爸——"我的声音里饱含着乞求。"爸不是不帮你，你说你都受不了，爸都这么大年纪了……"

设身处地地想想，如果我都受不了，我的爸妈那么大年纪了，内心又会是什么感受呢？我不忍心为难他们了。老婆个性很强，在单位大小也算个领导，开一次家长会，回来就歇斯底里地打骂孩子，我也不想让她去。所以，我只好写信向您请假了。但是请您放心，摊上这样的孩子，我无论如何会对孩子尽心的，出差回来后我就去学校找您。

送刘树林去学校时见过您两次，但我没好意思上前和您打招呼，所以您不会对我有任何印象。

恳请您允许。

无奈的家长 刘××
×年×月×日

看完这封家长来信，我心里挺不是滋味的。不知从什么时候开始，家长会的主题就变成了表扬和告状，对学困生和他们的家长来说，家长会就成了地狱。

期中考试结束了，我们这个"慢班"也慢慢地步入了正轨，所有同学都有了不同程度的进步，我感到很欣慰、很满意。所以我决定，高中第一次家长会我绝不告状，我只负责表扬。我要让刘树林的爸爸妈妈、爷爷奶奶再也不为给孩子开家长会而发愁，也希望所有家长都能争着抢着来给孩子开家长会。

81. 我真的不是告状

家长会后，家长们都带着对孩子的希望离开了学校，尤其是学困生的家长，满脸都是如释重负的表情。虽然是成人了，但这种表情竟也遮掩不住。

家长的来信让我改变了家长会的主题，但这封信引发的思考并没有结束，我觉得改变与家长的沟通方式和沟通内容迫在眉睫。

我制订了个计划，决定每天至少给两位家长打电话，交流孩子的各种情况。于是，我拨通了一位家长的电话。

"您好。我是孩子的班主任……""是不是那小子又在学校惹事了？老师，您该打就打，该骂就骂，回家我再收拾他！"我还没说什么事，家长的反应让我吃惊。"我只是想和您说说孩子这次担任了班会的中心发言人，给大家介绍了很多体育知识，表现非常突出，连我都从中学到了很多呢。""是吗？我还以为他又闯祸了呢。"电话那边的家长喜出望外。

我又拨通了第二位家长的电话。

我还没开口说话，那边先开口了："张老师好。魏灵让您费心了，总是给您添麻烦，我们做家长的很不好意思。需要我去一趟学校吗？"我赶紧接话："不用不用，我就是想告诉您魏灵担任英语课代表后，英语成绩有所提高，工作热情很高，认真负责，受到老师和同学的好评。谢谢您对孩子工作的支持。""哪里哪里，张老师客气了。我以为又要'请家长'呢。"

虽然有了一次以赞扬为主题的家长会，虽然我确定了电话沟通的内容是报喜不报忧，但家长的反应还是大大超出了我的预料。仔细一想，其实也不奇怪。班主任给家长打电话，十之八九是反映问题的，打架了，迟到了，旷课了，没交作业了，诸如此类；学生表现好了，班主任一般想不到和家长沟通。长此以往，家长就觉得不打电话就是平安无事，若打电话一定是有问题。

这样想来，我这个班的孩子的家长也挺不容易的，接到班主任电话一定提心吊胆。于是我想，能不能从我这里开始有所改变呢？起码，我可以让家长们知道，不是所有的沟通都是为了告状。为了避免直接打电话给家长带来的刺激，我决定改用发短信，内容主要还是表扬孩子。

在拿了班级篮球赛冠军后，学生会组织了一场冠亚军表演赛，我给队员们的家长都发了一则短信：

> 家长您好。您的孩子将于下周三下午4：40代表本班参加学生会组织的篮球表演赛。您如果方便，请届时来校一睹您孩子在球场上的风采。班主任

表演赛时，只有一个队员的家长因事没到。那几个家长看到自己孩子在球场上生龙活虎的样子，脸上露出复杂的表情。

后来，家长的反馈和学生的变化让我坚定了继续这样做下去的决心：

"这是我第一次去了学校却没有挨批评，谢谢老师。"

"我儿子好像也不是一无是处啊，感谢老师让我看到了他的优点。"

> 家长您好。您的孩子将于12月30日14：00代表本班参加学校组织的元旦联欢会。如果方便，请届时来校观看演出。班主任

> 家长您好。您的孩子作为旗手将于下周一7：40代表本班参加升旗仪式。如果方便，请届时来校观看。班主任

> 家长您好。您的孩子将于下周一16：40在本班的班会上做中心发言。如果方便，请届时前来观摩班会。班主任

> ……

后来，这样的短信就成了我和家长沟通的主要形式。当然，如果我再给家长打电话，本文一开始出现的那一幕基本就没有了。

197

82. 你是女生

李一迪弓着腰，双手抓在一个男生的双肩上，头紧紧地抵在男生的肚子上，顶得那个男生节节后退。"老师来了——"有人喊了一声，大家都跑向座位。

李一迪闻声放开了那个男生，转过身来，晃了晃脑袋，披散在脸上、遮住了视线的头发被晃得基本归了位，剩下的一小撮被她利索地撸到了耳后。这时，她看到了站在教室门口的我，一伸舌头，赶紧回到了座位上。

我暗暗叹了口气，这哪儿像个上高一的十五六岁的大姑娘啊？再长大点就好了，她就能意识到自己是个女生了。我在心里安慰着自己。

李一迪的朗读水平不错，抑扬顿挫把握得很到位，读起来声情并茂。可是每次她读完，下边总会冒出不屑一顾的声音："噫，又得瑟了。"班上有个朗读水平不及她的女生，每次读完总会响起一阵热烈的掌声。如果李一迪回答不出问题，就会有人嘀咕："这么简单都说不出来，是不是该去测测智商了？"如果回答出来，老师表扬了她，有人会说："这么简单，三岁小孩都会。"

我为此问过李一迪，为什么大家对她的态度和对别人不一样。李一迪爽快地回答："我们是哥们儿，玩笑开惯了，熟不拘礼嘛。"我提醒她，也许事实并不完全像她想的那样，女孩子嘛，还是和男生保持必要的距离为好。

几个男生分散地站在教室的前后，正合力扔着李一迪的毛线帽。李一迪跑到前边，帽子被高高抛起，飞向后边；李一迪转身向后边追，帽子又被扔到前边。大冷的天，李一迪的脸却红彤彤的。

"老师，他们抢我的帽子！"看到我，李一迪就大声向我告状。

男生一听，都跑向座位，抛起的帽子没人接，掉到了地上。李一迪跑过去捡了起来，象征性地拍了拍上边的土，戴到了头上。

我批评了男生，但我觉得问题主要出在李一迪身上。我把李一迪叫到办公室，问她："男生那么欺负你，你怎么就不生气呢？"李一迪瞪大眼睛，一脸天真地看着我，说道："他们没有欺负我，我们是闹着玩呢。""这个闹法也太过分了吧？""没关系，我不会放在心上的。"李一迪的回答反而让我无话可说了。

"嗨，男人婆，干啥呢？"一个男生经过李一迪桌子旁边，"啪"的一声重重地拍了拍她的肩膀。"要死啊！你拍疼我了！"李一迪抬起头，朝男生翻了个白眼说，"你管呢！""呵，男人婆还摆起谱来了。"男生拨拉拨拉李一迪的头发，走了。李一迪追上去，从后边踢了他一脚，俩人又打在了一起。

这时，我正在教室门口解答一个学生的问题。我喝住他俩，先瞪了那个男生一眼："你这么对一个女生不觉得过分吗？""女生？我从没觉得她是个女生。""你妈才不是女生呢。"李一迪快嘴快舌地接了一句。我气得又瞪了李一迪一眼，强忍着才没向她发火。

"老师，您看她像个女生吗？整天没皮没脸的。"男生趁机说道。我摆摆手，让那个男生先走了，没好气地对李一迪吼道："跟我到那边没人的地方去！"李一迪看我生气了，低眉顺眼乖乖地跟在我后边。

"你还觉得男生不是在欺负你吗？你看班上那么多女生，哪个男生敢像对你这样对人家？"李一迪想了想，脸上一片迷茫。

我心一软，放低了声音："你不要以为大家和你关系好才这样跟你打闹，男女生之间得有个界限，过了那个界限大家就会看轻你的。""那大家会不会觉得我玩不起呢？""如果你把这叫做玩得起，那老师情愿你以后玩不起！"李一迪看着我不说话。

我继续说道："你已经十五六了，是个大姑娘了。我们说一个男生女里女气的，是对他极大的轻蔑；如果说一个女生不像个女生，你想想道理不是一样吗？刚才那个男生都那样说了，你还和他闹，你怎么就不冲他发脾气呢？再说，你刚才说人家妈妈不是个女生，这像个女生说的话吗？

"你好好想想，上课你回答问题不管好坏，男生都没个好话；教室里就你和男生那么打打闹闹，他们还总是合起来逗你一个；还有今天，你真的还以为他只是和你闹着玩吗？男生这样对你，原因全在你身上！你如果自尊自重，他们怎么敢这么对你？"我深深地叹了口气，拍拍她的肩："你好好想想，先回去吧。"

李一迪回教室的脚步比平日慢了一些，看上去若有所思，但愿她真的能够好好想想这些事情。后来，李一迪收敛了一些，但有时还会故态复萌，只要我看到，就及时敲打她。

一个男生从后边拍了拍李一迪的肩膀，嘴里同时叫道："嗨，哥们——""请放尊重点！别动手动脚的！"李一迪还没等他说完就回了一句，继续低头做作业，男生没趣地走了。我赞许地点点头。

后来，在大家评选班级之最时，李一迪获得了"变化最大的女生"称号，全班都说她有点淑女范儿了。下课后，我向她竖了竖大拇指，她回了我一个笑脸，笑的幅度恰到好处。

83. 提心吊胆怎么行

这是一个学生周记中的片段：

> 英语老师结束了新课，于是，我们就听到了那句噩梦般的话：请大家合上书，现在抽查背诵。我偷偷观察四周，发现有人双手放在两腿间紧张地搓着，有人好像在微微发抖，有人把书放在膝盖上抓紧时间瞄两眼……当然，也有胸有成竹、一副胜券在握的同学。我暗暗祈祷：老天保佑，千万别抽查到我！检查了几个后，我喜忧参半：喜的是前边已经有了垫背的，心理负担没有一开始那么重了；忧的是悬在我头上的那把剑随时都可能劈下来。糟糕，老师向我走来了，我的心都提到嗓子眼儿了。天哪，难道上帝没有听到我的祈祷吗？万分幸运，老师叫起的是我同桌。同桌站了起来，一言不发。"丁零零——"下课铃终于响了，我听到周围一片长长的出气声，自然，其中也包括我。

这是一个朋友微博中的内容。她毕业于一所著名的高校，而考试恐惧症在她儿子已经上了大学的今天还阴魂不散。

> 昨晚又做噩梦了。拿到试卷的那一刻，我脑子里一片空白。天哪，怎么办？我一个都不会做！紧张得出了一身冷汗后，谢天谢地，我醒来了！我真庆幸自己今生再也不用受此折磨了。

在恐惧中煎熬的校园生活绝不是理想的校园生活，即使只是在某一科上感到恐惧，也让现在本就不甚快乐的学习打了折扣。怎么帮助学生消除恐惧呢？

大家说到的应对策略其实都是老生常谈。比如预习，在预习过程中发现自己存在的问题，听课时就能做到有的放矢。真正学会了，当然就不怕老师提问检查，也不会对考试感到恐惧。再比如笨鸟先飞，老师布置的作业一定要扎扎实实地完成，不要抱侥幸心理，这样也不会感到害怕。

这些方法虽然老套，但都是行之有效的。问题是学生是有差异的，有些问题对个别学生来说难度系数太大，暂时超出了他们所能掌握的范围，尤其是对我们这个基础较差的班级来说。要彻底解决这个问题，就得依靠老师了。

我先从自己的课堂做起。我按学生学习的真实程度把他们由低到高分成A、B、C三个层级，但这个分类要对学生保密，免得伤害了A级学生的自尊心；每次备课时，我把课堂提问的层级按难度系数也分成A、B、C三级。

在具体操作时，我尽量不搞突然袭击，而是先提出问题，留点时间让学生思考，允许他们翻书、讨论，让A级学生对应回答A级问题，依此类推。在此期间，我还要求自己做到察言观色。对问题没有把握的学生会习惯性地低下头，眼睛回避你，只要他在认真听讲，积极思考，就不要为难他了。

这样尝试后，我的课堂上很少有学生站起来后什么也说不出来；我在评价时也注意从积极方面引导，学生很容易享受到成功的喜悦；背诵的检查也是如此，一个早读完成的任务因人而异；作业也分三个层级，第一个层级的作业全班必须完成，第二、第三个层级的作业学生可以量力而行，自愿选择。

这样做，完全不用担心效果。基础扎实了，上升的空间也就有了，远胜于面面俱到又面面不到的尴尬。学生在我的课堂上轻松愉快，没有心理负担，学习效果自然比以前要好。实践了一段时间后，我对结果感到满意，就拉着两个给我们班上课的年轻教师和我一起实践。

虽然我们没有能力改变最终的千万人面对同一张试卷的选拔性考试制度，但在平时却能部分地消除学生对课堂提问、检测的恐惧，让他们的学习水平在原有的基础上均能得到不同程度的提升：这也叫因材施教吧。

我还相信，这样坚持下去，在相对轻松、愉快的学习氛围中，大多数孩子的成绩都会慢慢提升。那么，他们在最终的选拔性考试中所取得的成绩，也应该不会比在恐惧状态下所取得的成绩低。

84. 挑毛病与找优点

早上李玉龙又是卡着点进教室，跑得气喘吁吁的，好半天都缓不过气来。我提醒过他很多次了，提前五分钟起床，就不会这么紧张了。没用！看他喘成那样，我忍了忍没说话。

早操后，课代表报告说李玉龙的数学作业又没做完。下了英语早读，英语老师对我说："听写了二十个单词，李玉龙只写对了五个。"

听到如此密集的负面信息，我的火噌噌地往上冒，站起来就往教室走，打算狠狠批评他一顿：也不知道他的心都操在哪儿了，这哪儿像个学生的样子？

到了教室门口，我看到李玉龙正埋头大口大口地吃着早点。要是我一叫他，他就只能等到第一节课后再吃了，那时饼早凉了。我心一软，转身又回了办公室。

冷静下来想了想，这个孩子其实也没什么大毛病，就是整天嘻嘻哈哈、慌慌张张的，好像还没搞清楚来学校是干吗的。你一批评他，他先奋拉着大脑袋，然后抬起头来，一脸真诚地看着你说："老师，我知道自己做得不好，我也想改，咋就改不了呢？"他已经上高中了，不是幼儿园的小朋友了，你只能被他气得再一次没了脾气。

最近，我好像天天都在批评他，一副恨铁不成钢的样子，但是没什么效果。既然批评没用，何不换个法子呢？不是说好孩子是夸出来的吗？那就表扬吧。

说实话，要找他的优点还真不容易：作业一把乱草似的；上课有气无力的，也没个坐相；回答问题时吭吭哧哧半天也说不出个所以然；一下课可倒好，生龙活虎的；头发好久没洗了，都一绺一绺地贴在头皮上……

我无奈地摇了摇头，硬着头皮继续找他的优点。课间，我在教室巡视，盯着李玉龙的空座位，想找出点闪光的东西来，却没能成功。

上课铃响了，李玉龙最后一个向教室跑来。虽然晚了，但他还是弯腰把地上的一个塑料袋捡起来扔进了垃圾箱。好了，就表扬这点吧。表扬完李玉龙，我又悄悄对他提了一个要求：今天回家能不能洗个澡？他不好意思地搔搔头发，答应了。

第二天，我看着洗过澡、换了一身干净衣服的李玉龙，觉得他一下子变精神了，就抓住时机又表扬了他。

第三天，我违心地对李玉龙说，他今天到校的时间提前了一分半钟，虽然还是跑得气喘吁吁的，但明显没有以前喘得那么夸张了。

第四天，我表扬李玉龙说，数学老师说他的解题思路非常好，全班只有他一人用了那种解法，数学老师对他刮目相看。如果能写整齐点，那就是锦上添花了。

……

就这样，我每天都要绞尽脑汁地找出李玉龙的一个闪光点来表扬他。这样做到底有没有效果，我心里可是一点底也没有。不管有用没用，我给自己定的时间是必须坚持一个月。

没想到一个月后，我竟有点欲罢不能，因为我每天一张口就会表扬李玉龙，差不多成了习惯。仔细回想，我觉得现在要找李玉龙的优点还是挺容易的，也不用绞尽脑汁了。再一想，最近老师、同学很少向我告李玉龙的状了。

李玉龙身上的毛病还有不少，我要继续找他的优点。也许将来的某一天，奇迹就慢慢发生了。

85. 最帅的升旗手

"升旗仪式现在开始！第一项，出国旗！"随着主持人的口令，操场中间走来了四个男生，他们举着国旗，一脸肃穆，迈着正步，精神抖擞地走向升旗台。

"第二项，奏国歌，升国旗！"旗杆右侧站着的男生，阳光帅气，理着短发，穿着校服，腰板笔直，左脚迈出一步，左手托着国旗，在国歌奏响第一个音符时，将国旗展开抛出，整个动作舒展优美。

……

这是周一我们班主持升旗仪式时的一幕。站在旗杆右侧的那个男生叫吴家豪。这次漂亮的亮相后，他就成了学校所有大型活动中两个升旗手之一，被誉为学校有史以来最帅的升旗手。

说来，这个最帅升旗手的出现可谓偶然。

那段时间，吴家豪让我头疼不已。一天，他换了一个新发型，根根头发直愣愣地竖着，看起来湿漉漉的，不知抹了多少啫喱膏——这好像是校园个性男的标志之一，酷酷地走进了校园。一路上吸引了无数的目光，却被德育处老师拦了下来。他从精神、帅气一直上升到张扬个性，痛快淋漓地和德育处检查仪容仪表的老师辩论了一通。最后，我们班还是免不了被扣一分。

第二天，他又在左手中指上套了一个一看就是从地摊上买来的硕大的戒指——这是校园个性男的标志之二，就那么白晃晃地炫耀着。

他就这么折腾来折腾去。我以《中学生守则》为依据找他谈过，他竟认为"守则"已经过时了，没有做到与时俱进，所以他就没必要墨守成规。反正我没能说服他。

快轮到我们班升旗了。

能代表班级升旗，是一种荣誉。班委会根据全班同学走正步的情况，选出了四名升旗手，其中就有吴家豪。听到吴家豪的名字，我犹豫了一下，文体委员解释说："吴家豪踢的正步在咱们班绝对数一数二，我感觉都赶上阅兵方阵的水平了。"我想了想，决定还是尊重班委会的意见。如果能借此机会让吴家豪完成向中学生形象的回归，那就是意外的收获了。

四名升旗手训练了几次，效果非常好。周五，德育处验收。在大力肯定的同时也指出了存在的问题：在全校师生面前亮相，吴家豪的仪容仪表绝对不行，要么改变形象，要么换人。其实，这个意见是我事先和德育处老师沟通过的。

信心满满的吴家豪一下子愣住了。我看着他，等着他做决定。他一咬牙，下了决心："不用换人，就是我了。周一我一定符合要求。"

周一吴家豪漂亮的亮相后，好评如潮。德育处主任告诉我，以后学校大型集会的升旗手就锁定吴家豪了。我也第一时间把这个消息告诉了吴家豪。

不知道吴家豪有没有从心里接受中规中矩的中学生打扮，有没有为理掉的头发后悔，反正自那以后，吴家豪的仪容仪表就再也没让我操过心。

86. 当地震发生时

这年春天的一个上午，我在班里上语文，隔壁班上的是英语。忽然听到楼下喧嚣声震天，并夹杂着尖叫，但听不清叫的是什么。我示意坐在门口的刘建出去看看怎么回事，自己继续上课。

刘建跑到楼道看了看，回到教室门口，镇定地说道："大家下楼在操场紧急集合！第一组先出，一个接一个，抓紧时间，快点！"刘建站在门口组织着，全班很快走完了，刘建对一直站在讲台上的我喊道："快！老师，地震了！"刘建和我是最后离开教室的。

事后，听说二班的英语老师亲自出了教室看是怎么回事，搞清情况后，向学生喊了一声"地震了"之后，就率先跑下了楼。二班乱成了一锅粥，教室门口挤成一团，好半天大家才都跑了出来，一个瘦弱的女生被挤倒了，还被后边的同学踩了一脚，受了伤。一比较，大家都觉得刘建了不起：生死关头能如此镇定，还是最后离开的，简直就是一个英雄。

我真为刘建的表现自豪。扪心自问，我不敢肯定自己能做得像他那么好。从此，刘建在班里的威信也就不言而喻了，何帆他们也都服他："人家能够冒着死亡的危险疏散大家，不服不行啊。"

后来，我让刘建给大家说说他当时的想法。刘建说："其实我当时特紧张，第一反应就是先冲下去。可教室里还有老师、同学，这么做太不仗义了。我当时本来想大喊一声，又担心如果一喊，大家一定很紧张，争先恐后地往外跑，不但乱哄哄地影响速度，还容易出事。不过，现在想想有点后怕，当然更多的还是庆幸：如果真震了，不知道能不能活下来。"

"真没看出来，这家伙还有勇有谋的。"何帆喊了一句，逗得大家哄堂大笑。

自此，刘建在班里奠定了自己的领导地位。期中考试后不久，改选班干部，刘建以绝对优势当选为我们班的班长。虽然他的成绩在这个成绩本就一般的班里连个中游都够不上，但大家就是服他。

到处都是地震的传言，小道消息满天飞。虽然政府出面在各种媒体上澄清事实，说不会有破坏性地震，让大家不要听信传言，但这种事，大家都是"宁可信其有，不可信其无"。

星期日，我正在家陪儿子玩，刘建气喘吁吁地来到我家。我热情地招呼刘建，给他拿饮料。刘建局促地说："老师，我听一个同学说他们家有一个亲戚在地震局工作，这个亲戚说下午七点有地震，我就是特意来告诉您一声的。我现在要马上回家陪爸妈。"

刘建得知了这个他以为万分重要的信息后，马上想到要告诉我，但他不知道我的电话，只好亲自跑到学校的家属楼来找我。虽然我知道地震预报的常识，知道绝不会有那么准确的时间，一定又是个谣传，但我心里的感动难以言说。

这是一个成绩不好的"差班"，我是这个"差班"的班主任。可是，这个班里有很多像刘建这么可爱的孩子，我越来越爱他们了，他们也喜欢上了我，我们之间真的产生了那种"相看两不厌"的感觉了。

87. 我带学生游西安交大

春天来了，我接到一个考上西安交大的学生发来的短信："亲爱的老师，西安交大的樱花在本周日正式开放，欢迎前来赏花游校。"西安交大的樱花虽不及武汉大学的樱花那么有名，但在西安也是家喻户晓的。

刚好是周日，我当然不能错过这一年才绽放一次的花儿。且慢，"独乐乐不如众乐乐"，我要带着孩子们前去赏花。

我仔细考虑了一下，大致拟了几项，和西安交大的那个学生沟通后，觉得可行。第二天，我先和孩子们说了我的打算，大家欢呼起来，然后又给全体家长群发了一则短信："尊敬的家长，拟于本周日上午去西安交大赏花参观，体验大学生活，感受高校浓郁的文化氛围。主要安排有赏花、参观、午餐（标准十元以内）。同意孩子去的请回复。"

短信一发出去，家长们的回复就陆续到了，他们的热情程度有点出乎我的意料。有些家长解释了孩子去不了的原因，强烈建议我以后多组织类似的活动，以弥补孩子这次不能前往的遗憾。

最后落实下来的人数有三十二名。我和学生约好周日自行前往，九点整在西安交大北门集合。兴奋的孩子们非常准时，没一个迟到的。

西安交大那个邀请我来赏花的学生，热情地当了我们的向导。来到樱花大道，长长的一条路，两边全是樱花，开得正灿烂。我提议大家慢慢走过这条樱花大道，闭着嘴巴，睁大眼睛，用鼻子嗅，用心去感受、去体会。孩子们正激动地玩闹着，听了我的建议，都安安静静地慢慢往前走着。

树上的樱花开得正盛，有的花瓣却已纷纷飘落，地上铺了一层。这种情景，总是让人浮想联翩，感慨万端。我不想把自己的感受强加给学生，只是陪着他们慢慢从这条美丽的樱花大道上走过。到了路的尽头，所有孩子都不约而同地回首再看一眼。过了一会儿，大家才叽叽喳喳地重新热闹起来。

下一站，我们去参观图书馆。"向导"拿着自己的证件向管理员介绍我是他的中学老师，想带学生来图书馆感受一下。管理员看看我，友好地说只需登记一下就行。

气势恢宏的图书馆具有强大的威慑力，孩子们敛声屏气，轻手轻脚地往里走，好奇地东张西望。走廊两边查阅资料的大学生，让孩子们面露羡慕之色；开架借书的地方之大，让孩子们不由得发出了惊呼，又赶紧捂住了嘴巴。出了图书馆，几个孩子感慨道："那么多的书，什么时候才能看完啊？"

我们又现场感受了一场讲座，走马观花参观了体育馆，看了看学生公寓……时间过得飞快，不知不觉就中午了。

最后一个安排就是在学生食堂吃午饭。食堂不接受现金，要刷卡。"向导"打了几个电话，来了七八个同学。他们一人带着三四个孩子去选择各自想吃的东西，然后帮他们刷卡。我再三提醒孩子们记住价格，记得把钱还给大哥哥大姐姐。

"太不可思议了！牛肉泡馍一大碗四块钱，咱们校门口的泡馍一碗要十六块钱呢。还有这份醪糟鸡蛋汤才五毛钱。"一个一手端着泡馍一手端着汤的学生惊呼道。"我要了一份荤菜一份素菜，加上米饭才三块五。"……

吃完饭，西安交大半日游既定的活动就全部结束了。两点钟，所有孩子都给我发来了平安到家的短信。

后来，应家长和孩子们的要求，我带着孩子们还去了好几所高校。我不指望高校游能够改变什么，但是，也许一颗希望的种子就此播在了一些孩子的心中，也许这颗种子会在合适的时候生根、发芽、开花、结果。

88. "浅浅的日子深深的她"

早上一进教室，气就不打一处来：刘晨又迟到了！

高一开学快两个月了，刘晨简直把迟到当成了家常便饭。这不，上完早操，早读都上了快五分钟了，他才慢慢腾腾地打报告。我正眼都不看他，厌恶地说了一句："后边站着去!"

他放下书包，满不在乎地向后边晃去，还捎带着捅了捅旁边的同学，接着又引起了一阵哄笑——一定又做鬼脸了。然后他背靠着后墙，两只手背在后边，身子有节奏地撞着墙，眼神飘忽不定。

我气得只想大骂他一顿，忍了又忍才压下火气，同时在心里长叹了一声。

这个李晨太让我头疼了：留着长发，不爱学习，不守纪律，迟到早退，不敬师长，欺负同学……在我这个班主任眼里，他几乎是个一无是处的学生。开学以来，为他的迟到我都不知道说过多少次了。我该拿这个李晨怎么办呢？

第三节课，我正在办公室改作业，一个学生气喘吁吁地跑了进来，向我报告："李晨的脚扭了，动不了了!"

我吓了一跳，赶紧向操场跑去。

这是一节体育课，大概也是李晨唯一喜欢的课程了。他在踢球时把脚扭了，被同学扶到操场边上坐着，脸上直冒冷汗，抱着脚唏嘘着。

我赶紧让两个学生扶着他到校医室，校医看后说不要紧，就是扭伤脚踝了。校医叮嘱在 24 小时内把伤脚垫高，每隔半小时用毛巾冷敷一次，尽量减少运动；第二天，再用热水泡脚或热敷，并用红花油揉脚。

我让学生帮忙把他扶到我的宿舍，让他躺在我的床上，用枕头垫高他的脚，我脱下他的球鞋、袜子，帮他冷敷。说实话，抱着他的脚替他冷敷时，那股臭脚味差点让我呕了出来，我竭力忍着，发现他的脸红了。

考虑到他的家长都在上班，家里也没人照顾他，于是我帮他买了午饭。直到下午放学，都是我在帮他冷敷。放学后，我给家长打了电话，交待了注意事项，为他打了一辆车。

几天后的一个早上，这个几乎一直和我作对的学生，端着一缸胡辣汤送到了办公室。原来他无意中听到我经常不吃早点，特意起大早到回民坊买来胡辣汤给我送来，并承诺以后每天早上都给我带早点，而且保证不迟到。要知道，他本来是个迟到大王，而且他家—回民坊—学校之间的距离都不近。

再后来，刘晨写了一篇题为"浅浅的日子深深的她"的作文，我就是其中的主人公。

我真心感谢那次扭脚事件，它化解了一个学生和老师之间的对立情绪，改变了彼此在对方心目中的印象——真的，我觉得他自那以后确实变得可爱了。

89. 孩子，你不能这样处理问题

早上，我看到丛林脸上有两块青斑，胳膊上也有，就关心地问他怎么了。丛林吞吞吐吐了半天，才含含糊糊地说下楼时不小心摔的。我还责备了他几句："都这么大的人了，下楼也不知道稳当点，怎么能摔成这个样子？以后不能再风风火火了，安全第一……"

丛林的眼神躲躲闪闪，不等我唠叨完就应付了一句"知道了"，然后跑掉了。我想，也许他还没有忘掉昨天课堂上发生的事情，见到我有点不好意思吧。

昨天的语文课上，我正讲着课，安安静静的教室里响起了叽叽咕咕的说话声，坐在教室后边角落里的丛林趴低身子，竭力把自己隐藏在一摞高高的书后，侧着头跟同桌说着什么。同桌不理他，他还不知趣，声音反而越来越大。大家都反感地皱起了眉头，我用眼神向丛林示意了一下，没有中断讲课。不知丛林是没看见，还是压根不在乎，继续说个没完。不得已，我只好停下讲课，眼睛盯着丛林，提醒道："请不要说话，注意听讲。"没想到丛林竟说："管得宽！我偏要说！"大家都吃惊地看着我。

我暗示自己一定要镇定，发火于事无补，还是等冷静后再做处理，于是平静地说道："我是你的班主任兼语文老师，提醒你上课不要说话是我的本分，管得一点也不宽。你如果有意见，咱们下课后可以心平气和地交流。现在先上课。"全班大部分同学都对丛林怒目而视，尤其是刘建、何帆他们，瞪着丛林的双眼几乎喷出火来，攥紧双拳。

课后我没有主动找丛林谈，我想先冷落他几天，看他能不能意识到自己的错误，主动来找我。

接下来的两天，丛林虽然没来找我认错，但表现得很老实，我想他是在用实际行动纠错呢，这件事就让它过去吧。

课代表来交数学作业时，说丛林的作业落在家里了。数学老师问课代表："别是又没做吧？也没找个新鲜的借口，还是老三样。"课代表回答："我猜也是个借口。挨顿打老实了点儿，如果再打重点儿，也许就能按时交作业了。"

我大吃一惊，赶紧问是怎么回事，课代表一下子捂住了嘴巴，但话已出口，收不回去了。她懊悔地说："大家都保证了绝不说出去的，我不能出卖了大家。"我更着急了，给她摆事实讲道理，她终于开了口："大前天晚上，下了晚自习，老师离开了教室，大家正在收拾书包，教室的灯一下子黑了，开始大家还以为停电了。教室里叫声一片，还听到惨叫声，我当时还以为是哪个同学作怪呢。过了一小会儿，灯又亮了，原来是有人故意关的。"

"这跟丛林受伤有啥关系？"我不解地问道。

"丛林就是在灯黑的时候被打的，还有人警告他以后不能再顶撞班主任，否则他会死得很惨；还不能说是被打的，就说是下楼不小心摔的。"

"那是谁干的？"我没想到学生这么胆大包天。

"我真不知道。反正灯重新亮了以后，全班差不多都还在教室，大家都若无其事，看不出来是谁干的。丛林也知道自己犯了众怒，只能吃个哑巴亏了。不过，这小子也真是欠揍。"

凭直觉，我觉得这事是刘建、何帆他们干的，我赶紧找刘建、何帆谈话。刚开始他俩装聋作哑："丛林的伤不是下楼时摔的吗，怎么会是打的呢？"我问："那大前天晚上下了晚自习灯黑后是怎么回事？"

他俩互相看看，发现瞒不住了，就承认是他俩商量后干的。

刘建说："丛林上课顶撞您，实在是太不像话了，不给他个教训他就不知道天高地厚。"

何帆应和道："就是，这两天就老实多了。"

我对他俩说："丛林上课违反了纪律，老师已经批评他了。你们这种处理方式太过分了，太让老师失望了。从性质上来说，你们打人比丛林上课顶撞我严重多了。"

"打架是不对，不过……"刘建还想为自己辩解。

我打断他的话："没有不过，不对就是不对。你们打了丛林，如果丛林不想吃这个哑巴亏，他再找人打你们一顿，这打来打去何时是个尽头？这是解决问题的方法吗？再说，你们手上没轻没重的，万一失了手，后果不堪设想！"他俩低着头不说话了。

"还好，丛林看起来好像没有报复的打算。不过，为了彻底解决问题，你俩拿出个方案来吧。"他俩抬头看看我，又互相看看，头又低了下去。

"这样吧，你俩向丛林道个歉，态度一定要诚恳。如果能求得他的原谅，这件事就算过去了；万一丛林不肯原谅，咱们再想办法。现在，你俩先得向我保证，以后再也不能用这种方法解决问题了。"

还好，丛林也不想把事情搞大，就接受了刘建和何帆的道歉。学生为我打抱不平的事总算过去了。

90. 您了解您的孩子吗

作文课上，我布置了一篇命题作文：《给爸爸妈妈的一封信》。大家都有点泄气：给爸爸妈妈写信，哪有什么好说的？

丛林说："我回家后和父母一句多余的话都没有。我爸爸一开口，除了吃饭，就是训我；我妈妈一开口，不是问寒问暖，就是问饥问饱。唉，没劲！"

汪建军说："我父母一开口，就痛说革命家史，然后就责怪我这么好的条件，怎么就学不到人家前头去呢？我只好闷着头不吭气——因为一言难尽啊。"

洪雁说："我的父母倒是从不给我压力，说是只要我尽力就行了。但他们对我无微不至的关心，反倒成了我沉重的负担。只要我一开始学习，他们说话就变得细声细气的，干什么都蹑手蹑脚，唯恐影响到我。他们越是这样，我就越是内疚。那种滋味也不好受呀。"

……

我面带微笑地听着大家的牢骚。等大家都说完了，我才说道："这次作文就一个要求：要写真心话，要有真情实感。我觉得刚才大家说得都挺好，只要把你心里想向父母说的话写下来，就会是一篇好作文。好了，开始吧。"静了一会儿，班里就响起了"沙沙沙"的书写声。

不久，大家就把这次作文忘掉了，觉得这不过是无数次作文训练中的一次例行公事罢了。

月考后，我打算开一次家长会，加强和家长的沟通。几个成绩不理想的同学愁眉苦脸地发着牢骚。

没想到的是，晚上提心吊胆地回到家，父母反倒变得和颜悦色，闭口不提成绩的事，倒是检讨了自己以往做得不够好的地方，觉得对孩子的了解太少了，缺少必要的沟通。很多同学心里直纳闷，却丈二和尚摸不着头脑。

第二天，大家好奇地交流心得，互通情报后，才搞清楚了其中的原委。原来家长会上，除了按惯例摆放着各人的月考试卷外，我还把那封大家写给父母的信也放在桌上。几乎每个家长看完后都很震惊，他们从信中看到了孩子的内心世界：原来孩子并不像家长认为的那么麻木不仁，他们也能体谅家长的难处；原来孩子学习的压力也很大；原来自己的孩子竟是这么有情有义……

同学们还说："据家长说，班主任在家长会上没有向任何一位家长告状，反而为大家说了不少好话，还组织家长们学习了几篇如何教育孩子的文章。家长们觉得每次都能从家长会上受益，既了解了自己的孩子，也学到了一些教育的方法，最关键的是还找回了久已失去的尊严。"他们兴冲冲地来找我验证，我微笑着不说话。

丛林高兴地说："这是家长会后我第三次没有挨打了。我爸爸还说，自从我上了高中后，每一次家长会他都开得有尊严，心里舒坦。说来惭愧，高中以前，只要一开家长会，我爸妈就互相推脱，谁都不想去挨老师的训。我爸在公司是训人的，一到学校，老师就像训孙子一样训他，也难怪他每次都怒火万丈地痛打我一顿，否则不足以平息心头的怒火啊。现在，我爸妈都争着给我开家长会呢。我的春天来到了。感谢班头。"大家都笑了。

"以后大家都得努力，让家长真正高兴的应该是你们的进步啊。"我趁机说了一句。"那是。"他们答应得很干脆。

我当然不会以为几次家长会就能改变他们，这未免也太天真了。不过，他们此刻的表现还是让我非常满意的。

后来，一个学生的妈妈红着眼圈对我说，儿子在信里能体谅她一个人靠卖早点养家糊口的艰辛，还说如果有合适的人，希望妈妈能再成个家——原来，平时生冷硬倔的儿子，心里还是有这个妈妈的。我也问过那个学生，他说信里的那些话打死他也说不出口。看来即使到了今天，书面交流也还有存在的价值。

91. 就让我来关心你

　　刘建的父母都是普通工人，天天忙着养家糊口，除了在吃饭穿衣方面关心孩子外，其他方面就说不上了。再加上家离学校远，刘建的早点、午饭就只能在校外的小摊上解决了。

　　这天下午，刘建肚子疼得厉害，不停地在教室和厕所之间穿梭，看来是中午吃坏了肚子。我知道后，就把刘建带到我的宿舍，找出氟哌酸给他吃了，然后让他躺在床上休息。不知不觉中，他睡着了。

　　刘建醒来后，精神好了一些，感到有点饿了。我为他做了一碗鸡蛋面糊糊，又下楼到小卖部买了一包榨菜。吃完后，刘建身上有了些力气，看看时间已经下午四点半了，想回教室上课。一下床，就打了个趔趄。我不放心，关切地问："行吗？不行就不要硬撑着，还是再休息休息吧。"我把刘建按回到床上，给他重新盖上被子。

　　我的手一碰到刘建的额头，才发现他在发烧。我找出退烧药给刘建吃了，反正他父母都还在上班，他回家后也没人照顾，那就让他安心在我这里好好休息休息，落下的功课我会找人给他补上的。

　　放学后，刘建的烧也退了些，我打算送他回家。他下床试了试，觉得自己回家没问题。我再三问他可以吗，他说绝对没问题，没有那么娇气。我还是不放心，就说："还是打车回去吧，你的自行车就先放在学校，等病彻底好了再骑回去。"我把他送到了马路上，替他打了车，车开走后，我给他家长打了电话，让家长注意照顾。

　　早上上班的时候太阳早早地升上了地平线，没想到下午刮起了大风，下起了暴雨，变天了。温度突降，穿着短袖的刘建抱着胳膊瑟瑟发抖。我到宿舍拿来爱人的一件外套，让他穿上。穿上外套的刘建胳膊腿一下子舒展开了，不再冻得打颤了。

　　到了冬天，没想到平时生龙活虎的刘建却那么怕冷，一双手冻得又红又肿，裂着口子，写字时连握笔都困难。

我看了之后心疼地说："买的手套太薄了，你应该戴用毛线织的厚手套。"

刘建把手藏到背后，连忙说："没事，没事。年年冬天都是这样，其实一点都不疼，就是不怎么好看。"

我晚上回到家，干完例行的家务，又哄孩子睡觉，然后准备第二天的课。等一切就绪，我翻出以前织毛衣剩下来的线，找出两团灰色毛线和一团黑色毛线，拿出毛衣针开始织手套。

织手套不算费事，但我开始织的时候已经十点多了，为了赶速度，我熬夜织成了一只。厚厚实实的灰色手套，手背上点缀着黑色毛线织成的几条横道，让手套有了点变化，不显得那么单调了。

第二天晚上，我织成了另一只。当我把手套递给刘建的时候，他愣住了。我轻描淡写地说："晚上看电视没事，就用过去织毛衣剩下的毛线给你织了一副手套。"

我只希望这副手套能在寒冬里温暖一个孩子的双手，我的这些努力，让我一步步走进了一个孩子的内心世界。

92. 你有像黄药师、杨过那样的资本吗

李洋洋在英语课上迟到了。英语老师批评他，他双手插在裤兜里，左腿不停地抖动着，眼睛漫不经心地看着远处，一副目中无人的模样。我批评他，他说他狂放不羁、与众不同，这叫个性。

上课时，如果座位挨着墙，刘光强就斜靠在墙上；如果座位换到了过道边，他就把一条腿长长地伸在过道上。我批评他，他说他不循规蹈矩、不走寻常路，这叫个性。

……

我们这个班，像这样有个性的男生多了去了。为此，我组织了一场讨论会。

第一个问题：你觉得最有个性的人是谁？

从班里的同学说到文体明星再说到政坛显要，从真人说到文学作品中虚构的人物，最后意见相对统一了起来，比较而言，大家都觉得把个性发挥到极致的、生活中真实的人难以企及的、最具个性魅力的人应该算《射雕英雄传》里的黄药师和《神雕侠侣》里的杨过。

第二个问题：黄药师和杨过的个性体现在哪些方面？

班里的金庸迷不少，以男生居多，他们争先恐后地发言。七嘴八舌之后，他们觉得黄药师的个性主要体现在：行踪飘忽，性格乖戾，离经叛道，狂傲不羁，恃才傲物，漠视传统礼教，不按常理出牌，从不看人脸色行事。

一个女生发言了："我喜欢黄药师，跟男生说的那些个性无关，是因为他重情重义。他对妻子阿衡一往情深，终身不变，令人钦佩。"

又一个女生站了起来："黄药师上知天文，下知地理，文韬武略，样样有门；诗词歌赋，书画琴棋，八卦算数，无有不成；医卜星象，阴阳五行，奇门遁甲，皆在胸中……他简直就是一个全才！"

一群男生听得目瞪口呆，我也吃惊了："黄药师是你的偶像吗？你怎么这么熟悉？""我刚刚百度的。"一男生长舒一口气："这我就放心了。你若真如

此渊博，还让我这个金庸迷怎么活啊?"班里响起了一片笑声。

"大家想想，如果黄药师是个饭桶，他的那些特点还会是个性吗?"我适时问道。"那绝对成笑话了。""黄药师的个性是有根底的。如果没有本事，他想个性也个性不起来，早被别人灭了，还怎么能行走江湖呢?"

我说:"黄药师的确很有个性。虽然他被称为东邪，但喜欢他的人不少;而跟他齐名的西毒欧阳锋就不是那么讨人喜欢了。其实，欧阳锋也挺有个性，他的武功也很高，并不比黄药师差。那么，东邪和西毒的区别在哪里呢?"

底下开始皱着眉头思考了。

"黄药师身上的优点和他的个性一样突出;欧阳锋除了武功，好像找不出什么优点来。""欧阳锋太坏了，心肠歹毒，让人没法喜欢。"

我总结道:"大家的意思是说，一个人的个性，一是必须建立在相当的底气之上;二是还得有一些突出的优点，比如善良、重情，否则，再有个性的人也会像欧阳锋一样让人讨厌。我们谁也不想做个令人生厌的人吧?"几个男生痛快地点点头，还有人若有所思。

"不说讨人喜欢，起码要不惹人讨厌才行。"

我及时肯定:"不错。那咱们接着看看杨过是怎样一个人吧。"

"杨过是一个至情至性的人。在他的心里，爱情重于生命，肯为爱而生，也肯为爱而死，他对小龙女的爱至死不渝。"

"杨过是个叛逆的人。他蔑视世俗规范，想和比自己长两辈的黄药师结拜兄弟，还敢娶师傅当妻子。"

"他孤独、冷漠，只有雕才是他的挚友。"

"杨过是个重义的人。为了救陆氏姐妹多次遇险，多次相救被自己误认为是杀父仇人的郭靖一家，并且为了民族大义而彻底放弃了报仇。"

"杨过是善良的。当多次刁难他的武氏兄弟中了李莫愁的冰魄银针后，他不计前嫌，舍命吸毒救了两人性命。"

"杨过是大度超脱之人，断臂之仇也在一笑间快意而过。"

……

我提醒大家:"杨过和黄药师有什么共性吗?"

"杨过和黄药师一个'狂'，一个'邪'，都是不按常理出牌的人。"

"只有武功了得，才能保持自己的个性，在江湖上自由行走。"

我继续问:"他俩有区别吗?"

"杨过身上的优秀品质比黄药师多得多，如至情至性、善良、重义等，即使存在孤独、冷漠等负面的性格，也是以不损害别人为前提的。"

"还有民族大义。所以，杨过被誉为'侠'——'神雕侠'，黄药师在这个方面就比不上杨过。"

"说得真好。"我总结道，"可见，文学作品中有个性的人物除了特立独行这些性格之外，还要有特立独行的资本。更重要的是他身上还得有人类公认的某些优秀品质，否则，所谓的个性就只能是让人讨厌的东西。

"个性绝对不是坏东西，追求个性是合理的，应该受到肯定。但是，在我们追求个性的同时，我们也要想想，我们有黄药师和杨过身上的那些资本吗？我们有他们身上那些优秀的品质吗？如果没有，那就先修炼、提升自己。也许将来的某一天，你并没有刻意追求什么个性，却已经成了别人眼中一个个性十足的人了。同学们，希望你们好好想想：什么是真正的个性？我们是否拥有张扬个性的资本呢？"

一节讨论课结束了，很多人还意犹未尽。

93. 相聚总有离别时

各科都已结束了新课，准备组织期末复习，高一的生活已渐进尾声。

李洋的姑姑是学校的中层干部，李洋从他姑姑那里得来了一个消息：我高二不带他们了！听到这个消息后，我们班就像塌了半边天。刘建愣了好半天，才对围在他身边情绪激动的同学们说道："先别急，大家想想看怎么办。"

这一天，班里的同学从得知消息到下晚自习，上课都没精打采的。一下课，就三三两两地围在一起，叽叽喳喳地交头接耳，连上课的心思都没有了。

放学后，班委们主动留了下来，就连组长和课代表也不约而同地留了下来，团团围在刘建的周围。大家明白吵吵嚷嚷解决不了问题，当务之急是想个法子把我留下来。大家静静地看着刘建，等着他拿主意。刘建久久地沉默着，终于他如此这般地征求大家的意见，大家纷纷点头表示赞同。

第二天早上，我们班所有的班干部都早早地到校了。语文课代表洪雁拿出一封信，他们围在一起议论着，又修改了一番，最后让写字最漂亮的"眼镜"郭煜重新抄了一遍。

等全班都到齐了，刘建站到讲台上，说道："事情大家都知道。昨天放学后，班干部商量了一下，决定以全班同学的名义给校领导写一封信，请求学校下学期还让张老师带咱们班。这一年来，我相信大家都和张老师有了很深的感情。咱们虽然是普通班，但除了学习比重点班差点，咱们班的凝聚力很强，大家心很齐，各项活动都很出色，这和张老师带班分不开。更重要的是，张老师不歧视我们。相信大家心里都有一把尺子，我就不多说了。总之一句话：留下张老师是咱们的共同心愿。同意班委意见的同学请在这封信上签上自己的名字，当然，不同意的可以弃权，这完全是自愿的。"

刘建首先在信上签上了自己的姓名，接着其他班干部也走上讲台一一签上了各自的名字，最后是同学们上去签名。签完后，刘建拿起信，统计了一下，说："全班都同意挽留张老师。班委跟我一起去把信交给校长。大家要注意保密，尤其是要瞒着张老师。如果张老师知道了，她一定会做我们的思想工作，会拦着我们的。"大家纷纷点头表示同意。

班委一起来到校长办公室。大家严肃地站着，刘建双手把信递给校长，说道："我们是高一（1）班的班干部，是代表全班同学来反映意见的。"

校长看完信，和气地解释道："我完全理解大家对张老师的感情。张老师是咱们学校很优秀的老师，工作很出色。学校要调整张老师的工作，也是经过认真考虑的，希望同学们能以大局为重。"

刘建有点激动了："校长，我们觉得学校的大局就是学生的工作，难道您觉得还有比学生工作更重要的工作吗？"洪雁哀求道："我们好不容易碰到了一个我们喜欢的老师，求求您不要把她换走。"……

校长一直耐心地做着解释，希望大家以大局为重。几个女生先流下了眼泪，其他班委也都哭了；刘建竭力忍着，眼眶还是红了，眼睛湿润了。

他们不甘心，决心再做一次努力，于是又埋头商量了一番。

下午，马上就要上课了，我们班的同学竟都还没到校，连教室的门都没开。我赶紧往几个班干部家打电话，家长都说早就上学去了，我心里既着急又纳闷：不可能全班都迟到呀，不会出什么事吧？我打开教室门，在讲台上发现了一张纸条，上面写着：

张老师：

我们很好，不会有什么事，请您不要担心。我们瞒着您出此下策也是万不得已的，请您原谅。校长知道我们这么做的理由。

全班学生

我赶紧去找校长，校长把上午班委来找他的事一一告诉了我。我心乱如麻，一时不知怎么办才好。

校长说："从这张纸条来看，他们不会出什么事的，你先不要着急。只是没有想到他们会用罢课这么极端的方式来解决问题，也怪我上午对问题的严重性估计不足，没有真正把他们的思想工作做通。不过，坏事也会变成好事，这起码说明你这一年的工作得到了学生的充分肯定。如果学校一换老师，学生就欢呼雀跃地奔走相告，那么我们这所学校也就不好办下去了。"

我说："都什么时候了，你还开玩笑？这都怪我平时的工作没做好，他们才会采取这么离谱的方法。这让人想都想不到。"

校长说："先不要忙着检讨。看来今天下午是没有办法把他们找回来上课了。晚上你通知班长，让他告诉大家明天一定要来上课，明天下午校领导去教室和大家平等对话，这才是解决问题的正确途径。"

第二天，大家都来上课了，但班里的气氛很沉闷，课堂上死气沉沉的，老师们都不相信这就是平时那个最活跃、最调皮捣蛋的班级了。

上午，我抽空和几个班委分头谈了话。我这些左膀右臂今天都很固执，一点儿也听不进我讲的道理，最后离开办公室的时候都哭了。我的心里也酸酸的，只能看下午学校领导怎么来解决这个棘手的问题了。

天空阴沉沉的，十点钟左右下起了雨。午饭后，雨越下越大。我站在宿舍的窗口，看到教学楼前的水管边围着几个学生：一个学生双手各撑一把伞，为两个正在冲洗拖把的学生遮雨。我觉得奇怪：中午搞什么卫生呀，何况还下着大雨？再凝神一看，原来是我们班的学生。

我赶紧来到教室。桌凳全摞在走廊里；教室里，两个男生正在修后门——那是他们一次打架踢坏的，当时只草草修了修；一群女生正在用白粉笔涂墙上的黑印——那是搞卫生时不小心溅上去的污点；一群男生正在拖地——准确地说，那不叫拖地，该叫洗地……他们一厢情愿地认为，一定是他们以前做得不好，学校才撤了我，他们可以用这种方法让学校改变主意，达到挽留我的目的。

那天下午，任何一个走进我们班的人都自觉地在特意放在门口的拖把上蹭干净脚上的泥水才小心翼翼地走进去，连校领导也不例外。

在这个特殊的班会上，四个校级领导和教务处的两个主任都到了。他们充分肯定了大家和我之间的感情，也诚恳地解释了我的工作变动和大家没有任何关系。学校保证给大家换的新班主任绝对不会让他们失望。

说到这里，六位领导站起来向全班同学深深地鞠了一躬。到了这个份上，大家也只能接受了。教室里响起了一片抽泣声，很多同学都流下了眼泪。看着那些平时大大咧咧、似乎对什么都不在乎的男生也不停地抹泪，有的甚至哭出了声，我的眼泪也流了下来。

结业典礼结束后，我们班同学全都回到了教室。他们分工协作，有条不紊地布置教室。一个小时后，教室里焕然一新。班委把我叫到了教室。站在教室门口，我大吃一惊：教室里悬挂着气球和拉花，桌凳摆放在教室的四周，黑板上画着一圈画，中间写着几个漂亮的美术字：衷心地谢谢您，我们亲爱的老师。

我感动极了，红着眼睛走进了教室，刘建一声响亮的"起立——"，围坐在四周的同学刷地站了起来，大家齐声高喊："老师好！""同学们好！"我一边说着，一边深深地给大家鞠了一躬。高一最后一次班会由班长刘建主持。我接受了刘建代表全班同学送给我的一束漂亮的康乃馨；接受了大家为我朗诵的诗歌、为我唱的歌曲；接受了大家认为我和他们是金牌搭档的说法；我还接受了语文课代表洪雁写的几篇日记，里面记录了这几天班里发生的事情，还有大家的心情，我也因此才得以写出这篇文章……

放心去飞

——离别时，我们依然彼此惦记

94. 孩子，你要走了

自习课上，同桌刚抬起屁股要把作业交给前边的同学，你就抽掉了凳子，害得同桌重重地坐到了地上，后脑勺磕在桌子边上起了个大包，半天都没爬起来，你犯了众怒。

早操时，你全身的肌肉都是松弛的，整个人都是疲沓的，好像没有了支撑全身的骨头，胳膊腿伸出去曲里拐弯、有气无力的，那动作实在让人看不下去。这不，你又被德育处检查的老师揪了出来，交给我解决。

英语课上，你的作业再一次一字没写，被忍无可忍的英语老师押送到办公室，交给我解决。

数学课上，你跟数学老师顶嘴，数学老师一气之下罢教了，回到办公室愤怒地向我控诉。

我的课堂上，全班都很投入，就你一个人低着头，不知在忙着什么。我边讲课边慢慢踱到你身边，用指关节轻轻敲敲你的桌子，你这才吃了一惊，抬头看看我，开始在乱七八糟的书包里翻找你的课本。这个时候，上课已经十分钟了。

我检查大家的预习情况。全班有两个同学没做，他们老老实实站起来，接受惩罚。而你，是不在其中的。你可能觉得我这个班主任很傻，太好骗了。其实，我从前边开始检查的时候，坐在后边的你急急忙忙掏出书，随随便便在上边注了几个音，冒充你预习了。我当然看出来了，只是没指出来而已。

对你，我真不知道怎么办才好。

我气急败坏地骂你，你把手插在裤兜里，脸不红心不跳，若无其事地站着，看起来完全是一副无动于衷的样子。我突然间没有了骂你的情绪，因为你好像没和我生活在同一个时空中。

我也曾柔声下气地指望感化你。我无中生有地吹捧你，我想用心理暗示的方法引导你转化。可是，我所有的努力都付诸东流了。你得意洋洋地向同学吹嘘说我怕你，所以才那么巴结你。

其实，大多数同学都觉得软硬不吃的你是讨厌的，他们疏远你。男生一起踢球的时候，两边都不要你，你可怜兮兮地一个人呆在操场边上。我站在教学楼的楼道里，远远地看着你，为你难过。这时，我觉得你其实挺孤独的。

　　你说你听不懂，什么课都听不懂。设身处地地为你想想，什么都听不懂，却得一节课一节课地熬下来，真是太不容易了。

　　你唯一交的作业是我的作文，当然也是时断时续的。你的作文很明显不是你写的，而是抄来的。能找到符合要求的自然好，如果找不到符合要求的，你也有自己的处理办法。你可以完全无视训练要求，随便抄一篇风马牛不相及的作文交上来，让我哭笑不得。

　　每一次，我都会把你杂乱的作文本理平整后发给你。你的作文本几乎每一页都卷着角，皮和瓤总闹分家，皮还总是脏兮兮地"不修边幅"，像极了你的样子。我总是把那个脏兮兮的皮换成厚厚的挂历纸的背面，用糨糊粘牢，然后一笔一画地描上"作文本"三个镂空的大字，再写上我们的班级和你的姓名；我总是把你的本子一页页捋平，用几本厚厚的字典压整整一夜，让它变平整。尽管我知道下一次回到我手里时它还会变回到那副旧模样。每次都这样，你从来没感觉到吗？

　　那年夏天，你从楼梯的扶手上往下滑，裤子屁股处被翘起来的木条划了一道长长的口子。你用手捂着屁股，紧紧地靠墙站着，动也不能动了。从你身边经过的同学都忍俊不禁，他们的笑一定让你恨不得找个地缝钻进去吧？我找来一件外套，让你缠在腰上，才把你从楼道掩护到了我的宿舍。我找出针线要帮你缝缝，你不肯当着我的面脱。后来还是我躲了出去，你自己缝上的。令我感到意外的是，你的针线活比我的强多了。原来，扣子掉了、拉链坏了这些活，一直都是你自己干的。

　　现在，你要随着父母回到你们南方的老家了。可是，我为什么没有终于摆脱了你的高兴劲儿呢？孩子，我真心希望等你回到老家后，在新的环境中能有一个新的开始。

95. 高考前一夜

"张老师，赵超紧张得睡不着，您待会儿给他打个电话吧。他现在已经是第三次去冲澡了，他说您说过睡不着时这个办法或许有用。我是背着他偷偷给您打电话的。不说了，他要出来了。"我还没来得及回话，那边的电话已经挂断了。

这是 6 月 6 日晚上十一点半我接到的一个家长的电话，也是这个晚上我接到的第三个电话。

高考前，孩子们离校时，我强调了一些应该注意的问题，比如休息、饮食、生物钟的调整等，最后还让大家把我的手机号码记下来，有问题可以随时打给我，我一天二十四小时开机，随时为大家答疑解惑。

后来，陆陆续续有学生给我打电话，多半都是问问题的。"临阵磨枪，不快也光。"为了缓解他们的紧张情绪，我总是在回答完问题后和他们开个玩笑。

第二天就是 6 月 7 日了，就是全民瞩目的高考了。

6 日晚上，我先是接到了一个学生打来的电话，问我诗歌鉴赏题该怎么解答。他担心平时训练时我所讲的答题步骤他记得不够准确，想让我再讲一遍。诗歌鉴赏是他平时失分最多的一种题型，所以这个时候他很担心。我慢慢地重复了一遍答题步骤，说他在最后几次模拟考试中对这个题型已经掌握得很到位了，从而安慰他，让他放心，不要紧张。

第二个打来电话的是个女生。她气呼呼地说她爸妈明天都要送她去考场，还请舅舅来当专职司机，让爷爷奶奶在家做好一切后勤工作。她让我说服她父母，别这么兴师动众的，自己坐公交车去考场就行了，否则她就不去考试了。我跟她爸爸聊了一阵，对他们夫妻的做法表示理解，夸他们养了一个很有主见的女儿。女儿这么能干，还有什么不放心的呢？再说一大家子人，连同亲戚都围着孩子转，没准儿会给孩子施加压力的；还有，坐公交车是个不错的选择，家长在家里做好后勤工作就行了，去考场也帮不上什么忙……一番啰唆，这对父母算是被说服了。

赵超家长打来的是我 6 日晚上接到的第三个电话。等了片刻，我给赵超打了个电话。

"怎么还没睡呢？老师原本只是想试着拨拨你的电话，如果你关机了就证明你休息了，马上就十一点四十了，早点睡吧。"

"老师，我睡不着！我觉得脑子里一片空白，啥都不知道了，明天怎么考试啊？"

"赵超，你要相信老师，更要相信自己。老师带了那么多届学生了，有经验，从来没有看走眼过，你的成绩能轻轻松松上一本。你平时成绩一直很好，今年没准儿还能放个'小卫星'呢。你想想，老师平日里对你说的话哪次没有应验呢？现在躺在床上，深呼吸，不要想考试的事，一会儿就睡着了。"

"老师，我真的行吗？"赵超还是犹犹豫豫的。

"当然行！老师保证明天你一拿到试卷定会大吃一惊——原来高考题这么简单，比我们平时训练的容易多了。"

"好，我马上睡觉，谢谢老师。"赵超的声音里有底气了。

"晚安，赵超。"

"老师，晚安。"

躺在床上，我倒是久久难以入睡，担心那几个心理素质比较差的学生，暗暗祈祷他们都能早早休息，明天以饱满的精神迎接他们人生中的这一次考验。

96. 你们就要自己飞了

在孩子毕业的时候，我答应写一封信给他们。为了不影响高考，我告诉他们我会在 6 月 8 日晚上，把这封信放到班级 QQ 群的共享里。

同学们：

经过了炼狱般的高考，两个多月后，你们中的绝大多数都将步入大学的校门，开始梦寐以求的大学生活。同学们，老师想提醒你们，即将到来的大学生活也许并不像你们想象的那般美好。

也许你们会发现，大学的课堂并非总是充满智慧，老师的水平也不会让你们 100% 满意。照本宣科、人云亦云的人也能在大学占有一席之地，有些课程简直就是浪费时间，食堂的伙食肯定比不上家里……同学们，你们要学会适应。生活中很难有十全十美的事，缺憾才是生活的真相。很多人进了大学后会迷茫、失望很长时间，其实，你们得明白，大学既不是天堂，也绝不是地狱。大学里学到的东西未必立刻有用，可是如果你们没学，要用的时候就晚了。假设你们在学业上付出的努力有十分，如果其中的三四分将来能起到作用，你们的大学就没有白上。老师希望你们记得我们曾经感慨过的一句话：向着月亮奔跑，即使够不着月亮，至少你们也能成为繁星之一。

和舍友像亲兄弟、亲姐妹一样相处。自从上幼儿园开始，你们基本就一个人睡了。偶尔，家里来了客人，父母想让客人和你们一起住，你们很多人会委屈得眼泪汪汪，你们宁愿一个人在客厅打地铺。你们的房间再乱，也不许父母替你们整理。如果一直在家里生活，这都不算什么。可是，同学们，你们就要开始住宿生活了。现在大学住宿的条件都还不错，可是，仍然没法和家里相比。你们遇到的舍友，可能有人打呼噜，让你们难以入眠，你们得习惯；可能有人不拘小节，随手用了你们的东西，你们也得习惯；可能有人很懒，出一身臭汗也不洗澡，一股令人窒息的味道在宿舍里飘来荡去，你们还得习惯；可能有人心眼很小，为一点鸡毛蒜皮的小事就和大家闹别扭……你们要明白，你们的一些习惯或许别人也难以忍受。集体生活不能斤斤计较。你们大多都是独生子女，大学让你们有了好兄弟、好姐妹，同学们，珍惜吧。

遇到喜欢的男孩（女孩），就谈一场恋爱吧。中学时，老师视早恋为洪水猛兽，怕影响了你们的学习；现在，你们都十八九岁了，成人了。如果你是男生，就向你喜欢的女孩勇敢地表白吧，因为男生得主动一点。如果女孩拒绝了你们，也不要伤心，更不要轻言放弃。也许女孩只是出于矜持，也许她以为自己可以摘到更大的麦穗，但你们得坚持，爱情也会青睐锲而不舍的人。万一，老师是说万一，你们的坚持还是没有收到预期的效果，那就果断地放手，相信"天涯何处无芳草"的古老格言。如果你是女生，老师劝你最好学会矜持，这样男孩会更加珍惜。大学时代的爱情大多会无疾而终，很多人会因为错失了而感到遗憾。但是，同学们，你们要知道，恋爱不是想谈就能谈的，不来电也毫无办法。如果丘比特睡着了，忘了向你们射出属于你们的那根箭，那你们就耐心等待吧。

坚持锻炼。你们中有人爱运动，篮球打得不错；有人好静，总是宅着。但是，好的身体会让你们受用终生。所以，老师希望你们不要变得懒散，希望你们能天天坚持锻炼，跑步、打球、散步，随便哪项运动都行，关键是坚持。这个习惯最终让你们收获的绝对不只是一个强健的体魄。

……

同学们，十八九年来，你们像一只只风筝飞在天空，父母和老师手里紧紧扯着那根线，可是现在，不管老师愿不愿意，你们就要自己飞了。三年的相处，我们建立了深厚的情谊。现在你们要离开母校了，要到更广阔的天地去翱翔了，老师既感欣慰又觉伤感，心里空落落的，但更多的是一种期待。

同学们，大学也就是人生的一个驿站，老师希望你们能保持一颗平常心，希望你们能很快度过适应期，真正享受属于自己的大学生活。

如果，老师是说如果，你们中有人落榜了，选择了复读或就业；有人没有考入自己满意的大学，也选择了复读；有人经过努力，还是只能上一所高职院校——不管怎样，你们在老师心目中都是一样的。大学也不是一个保险箱，今后的人生还得看你们的努力。加油吧，老师会永远站在你们身后，为你们摇旗呐喊。

爱你们的老师
写于你们高考后

97. 写给孩子们

又一届学生即将离开校园了。再怎么不舍，相处三年的学生还是要离开我了。

最近，我的办公桌上放了厚厚一摞大小不等、图案各异的活页留言纸，每个孩子都要求我一定要贴照片，一定要写满，有的干脆直接给了我两张留言纸，还有的补充说地方不够写可以附页哦。

这是我们三年缘分的一个纪念，我当然不能马虎。我回忆着和每一个孩子相处过程中的一件件往事，写下对他们的印象。我希望自己并不华丽的文字能让每一个孩子都觉得是针对他的，是独一无二的，是不可复制的。

其实，世上没有绝对完美的事物，你不必因考试少了几分而耿耿于怀，不必因说过一句错话而久久内疚，不必把一个小小的缺憾永记在心……你总是忧心忡忡的，开怀大笑的时候很少。如果老师能像上帝那样喝令时间停止，一定让快乐的一刻永远停驻在你的心里，让快乐伴随你年年月月、天天时时、分分秒秒。（给贾倩）

你知道她们都"抗议"老师对你很偏心吗？他们说你拥有一个厚厚的本子，里面全都是你和老师的秘密，而他们却只有薄薄的一沓，甚至只有几张。我知道，那一定是你保留下来的我们俩笔谈的内容。

看到咱们班花名册的时候，老师就关注你了，因为老师的妹妹也叫张青华；看到你的第一眼，老师就越发地喜欢你了。你梳着两根小辫——这在今天是多么罕见啊，沉静如水，这样的女孩真是少见。

我们是师生，但更像是朋友。老师真的非常非常喜欢你，发自内心地喜欢。（给张青华）

还记得你演的周朴园吗？真可以用惊艳来形容。你富有磁性的声音，让你的朗诵独具魅力。可是，老师还是没有想到，在课本剧汇演中，你把周朴园拿捏得那么出色，要威严有威严，要架子有架子，要奸诈有奸诈，声音竟然完全不像你平日的声音，显得非常老道。因为你，我们班毫无悬念地拿了一等奖的第一名。

在教学开放周里，你妈妈来听课了，老师竟忍不住想向你的妈妈显摆你这个宝贝。于是，你表演了一大段哈姆雷特的台词，赢得了全班热烈的掌声，老师当然也看到了你妈妈眼中的星星点点。

忘不了你的声音，忘不了你的周朴园，忘不了你的哈姆雷特，更忘不了你……（给袁磊）

高一时的运动会上，跳高竟成了全场关注的焦点，总是早早结束的田赛项目破天荒第一次走在了径赛的后边。全场的视线都集中在跳高场地，甚至没有了秩序，老师、同学都围在了场地四周，有人竟搬来凳子站在上边看，只为看你一个人的表演。最终你跃过了 1.92 米的高度，至今这还是咱们学校的纪录呢。

相信以后只要开运动会，老师就会想起你，想起你跃过横竿时的英姿。（给吴坤鹏）

舞台上那个穿着明黄色纱衣、戴着手镯脚镯、眼神顾盼自如的天竺少女会是你吗？高一联欢会上你的舞蹈《天竺少女》让老师难以忘记。后来，你的新疆舞、孔雀舞、现代舞……陆续在大大小小的舞台上亮相，每次都让我感慨万分。而你，仅仅把舞蹈当成自己的一个爱好。老师坚信，用你练功的毅力做任何事，没有不成功的道理！（给张朱凤）

还记得艺考后消沉的你吗？专业课成绩不理想，向来懂事的你一下子变得自暴自弃。老师怎能眼睁睁地看着你沉沦下去呢？但你消沉得连话都懒得说。也许是那句"上帝给你关上了一扇门，就会为你打开一扇窗"解开了你的心锁吧，你愿意和我交谈了。不久，那个信心百倍的你又回来了。

老师希望你永远记住这句话："上帝给你关上了一扇门，就会为你打开一扇窗！"（给傅雷）

……

也许将来的某一天，当孩子们翻开毕业纪念册的时候，这些文字会让他们回忆起自己的高中生活，回忆起我们曾经一起走过的岁月。

98. 今天你笑了吗

我刚在班里发了一通脾气，回到办公室后，一眼看到了办公桌一角的简易书架里插放的纪念册，随手翻到第一页，火气立刻消减。这是刚刚毕业的上届学生送给我的礼物。

第一页贴着全班合影，下边写着一句话：

> 娟姐：你生起气来也好看，但我们还是一致认为，你笑起来更漂亮。娟姐，今天你笑了吗？

看到这儿，我忍不住嘴角上扬，笑了起来。

第二页是全班的签名。有龙飞凤舞的，有中规中矩的；大咧咧地写在中间，占了好大一块地方的是张磊豪，他的字跟他的人一样豪放；秀气地挤在右下角的是严蕊，其实她本人长得人高马大；高中都毕业了，汪森明的字还是那样孩子气，歪歪扭扭的……

再往下翻，就是同学们写给我的留言了。

> 谢谢您帮我借书。我曾经让您失望过，但请您相信，我一定会用实际行动重塑一个完美的自己！您教会了我很多，让我明白了人应该找到那个属于自己的平衡点。（王超）

王超是个极聪明的学生，爱看书，作文写得尤其好，几乎次次都被所有语文老师借去做范文。可惜他太懒散了，理科成绩不理想，我觉得他的成绩和他的智力完全不成比例。为此我没少批评他，他写的让我失望就是指这个。至于借书，三年期间，他把我有限的藏书基本都借了一遍。后来，我还专门从省图书馆给他借过几次书。

> 老师，我拥有一个秘密，一个只属于我们俩的秘密。不管我走到哪里，我都要带着它慢慢回忆，让它见证我曾经的花季雨季。从今以后，老师，您再也走不出我的思念了。（张庆华）

自从无意中发现我们都喜欢台湾作家简帧后，我和张庆华就从师生变成了文友。我们交流读书感受，交换涂鸦的文字，我们还发现我们都喜欢校园里那一排高大的梧桐，喜欢它夏天的浓荫，更喜欢它秋天如蝴蝶般飘落的黄叶。张庆华把我们笔谈的内容整理、装订成册，这就是她写的那个秘密了。

上高中之前，语文一直都是我的弱科，是您让我爱上了语文。我原本是因为喜欢您而渐渐喜欢上语文的，现在是因为喜欢上了语文而更喜欢您了。（李彤）

您是美丽、优雅的天使，使迷茫的我走出困境，您的话使我找到了目标。谢谢您。（刘佳玲）

自从来到您的班里，我好像变得聪明了。（洪亮）
……

看着这些留言，还有留言旁边他们或严肃得一本正经，或开怀得张牙舞爪的照片，我心里的满足感难以言表。

"这本纪念册都成了你的'精神鸦片'了，一受伤就拿着它疗伤，效果比药强多了。"旁边一位老师跟我开玩笑。还真是，我不由得连连点头。

我面带微笑，继续翻看着，重温着这些看了无数遍的温暖文字，端详着这些熟悉的字体，好像他们一个个又重新回到了我的面前。

翻到最后，是语文课代表代表全班同学写给我的一篇短文。

我们的班头

她说话时，我们总觉得像是刚吃完花生，嘴角还余留了些，总在回味。

不知为什么总把她与江南水乡联系在一起，反正当她的样子浮现在脑海时，总是伴随着江南的柔风细雨。出现这样柔美的画面，也许是因为她那深陷的眼帘总带着一种清雅的气息，使人不由得想到温柔的江南。她身上具有林黛玉的那种书卷味道，"才女"这个词仿佛是为她量身定做的。

我们的班头总是给人一种"纤纤玉女"的形象。记得有一次闲聊时她说过，她在择科时很犹豫，很矛盾，可还是选择了文科，最后上了中文系。现在想想真是替她松了一口气，不过不知道是她的一身气质适合了中文，还是中文造就了她这一身的气质。

许多大人讲的话，在我们看来那就是讲"大"话，于是，就有了代沟。而班头讲的话却丝丝入耳，所以，她在大人中算是年轻、时尚的那一种吧，与我们之间也没有什么不可逾越的鸿沟。

不过，她毕竟是老师，当她是"老师"的时候，就特别像"老师"。我们呢？也只能像学生了。

记起了一首老歌，歌词颇能代表我们此时此刻的心情："只有离别的时候，才知时光短暂；纵有万语千言，难诉心中留恋。今朝我的歌声，永远把你陪伴；明朝你的思念，也会把我挂牵。再见，再见，等到明年的这一天……"

——谨以此文送给和我们朝夕相处了三年的班头

合上纪念册，我面带微笑，又重新鼓起勇气，满怀信心地去面对我新一届的学生。

放心去飞——离别时，我们依然彼此惦记

99. 别了，母校

　　"这个 KITTY 猫多少钱？"一个女生拿着一个可爱的 KITTY 猫，爱不释手。

　　它的小嘴巴微微咧着，每边三根小黑胡子，大眼睛圆溜溜的，耳朵直直地竖起，头上扎了个闪闪发光的红色蝴蝶结。我不由得点了点头：嗯，是小女生喜欢的那种小玩意。

　　"五块钱。""猫"的主人黄艳红热情地回答道。

　　"太贵了。"那个女生有点犹豫了。

　　黄艳红笑了笑，拿过 KITTY 猫，按了一下一个小按钮，猫的脑袋居然和下面的底座分开了，猫头仰得很高，露出了一个小闹钟。

　　女生显然没想到这竟然是个闹钟，她的眼里闪过一丝意外的惊喜，但很快就尽力掩饰住了。

　　黄艳红解释道："这其实是一个闹钟，不打开时还可以当成一个小玩偶摆在桌上，既有实用价值，又有装饰效果，五块钱真不算贵。"

　　女生重新拿过来，再也不撒手，但一口咬定"太贵了"。经过一番讨价还价，最后以四块钱成交。

　　这是发生在校园"跳蚤市场"上的一幕，这个迷你型的"跳蚤市场"是由刚刚毕业的我们班学生举办的。

　　高考结束后的暑假漫长而无聊。度日如年的同学们在又盼又怕中接到了成绩单，在忐忑不安中填报了志愿，在提心吊胆中陆陆续续拿到了通知书，动荡不安的心终于慢慢安定了下来。

　　黄艳红接到通知书后给我打电话报喜，闲聊过程中说到她这两天正整理东西，发现仅闹钟就有三个，还有以前买的一些乱七八糟的饰物，现在要么没用了，要么不喜欢了，扔又舍不得，不扔又占地方，正纠结着呢。她还说很多同学跟她一样也为此苦恼着。

　　"老师，我有个想法，能不能在学校办个'跳蚤市场'，把大家手里闲置的东西卖出去？这也算是一个和母校告别的仪式啊。"黄艳红突然冒出来一个

做学生最好的成长导师——张青娟班主任工作艺术 99 例

想法。我略加思索，觉得可行，就让黄艳红负责联络同学，其他事情由我来协调。

8月31日是新学期报到时间，十点左右学生报到就基本结束了，我们班的"跳蚤市场"就在此时开张了，地点设在实验楼一层的过道里。

大家利用移动宣传栏设计了两块广告，分别放在校门口和教学楼外边，上面画着夸张的卡通人物，写着时间和地点。

报完到的同学好奇地来到实验楼，一些来送孩子报到的家长也被孩子拽来了，一层的过道很快就被围得水泄不通。

一个刚上初一的小女生抱起一个跟她差不多高的大熊，就再也不愿放下了。她爸爸乐呵呵地摇摇头，痛快地掏出钱包，给女儿买了下来。

一个大男生在人群里挤来挤去，转了老半天，看上一双旱冰鞋，经过和"摊主"的讨价还价，最后以十元钱的"超低价"成交，乐得他抱着旱冰鞋和护具就向旁边的同学发表了感言："我妈打算最近给我买双旱冰鞋。这鞋跟新的差不多，可比商场便宜多了。"

一个戴眼镜的男生拿着一个厚厚的本子看了半天，终于抬头问道："这个怎么卖？"本子的主人是我们班的学习委员李妍，她回答："五块钱吧。这个错题集是我整个高三积累下来的，有例题，有错误分析，有解决办法，对数学复习绝对有用。"那个男生推了推眼镜，不好意思地说："你这个错题集很有价值，可我今天没带多余的钱。要不，我明天把钱带来？"李妍大方地说："不用了，那就送给你吧，希望对你有帮助。"男生激动地鞠了一躬，抱着本子跑了。

我兴致勃勃地转着、看着，后来在李洁的小摊前停了下来。李洁的妈妈是个导游，天南海北地带团，给李洁捎回了一大堆五花八门的旅游纪念品。我拿起一串彩色贝壳串成的项链，问她怎么卖。李洁说："三块钱。不过如果老师觉得好玩，那就送给老师了。"我说："那可不行，做买卖就得有个做买卖的样子。"我拿出三块钱硬塞给了李洁，李洁非搭给我一个贝壳手链。呵，还学会买一送一了。

中午十二点，我们的"跳蚤市场"收摊了，摆摊的和逛摊的都有点意犹未尽。等大家离开了，同学们收拾了场地，打扫好卫生，才离开了学校。

下午，一辆三轮车停在了学校门口，上边装着大大小小的绿植，旁边站着我们班几个男生。他们抬下了两盆高大的巴西木，对称地放在了办公楼的两侧；又搬下来十几盆小型盆栽，送给了给他们带过课的所有老师。

这些绿植，就是用他们上午摆摊时赚的钱买的。

后记　感谢有你

"老师，我是冯宇。明天要降温了，您记得加衣服，千万别感冒了。您要注意身体，我就不耽误您时间了，问您全家好，再见。"

"老师，向您汇报，我找了一个女朋友，外语学院学德语的。哪天我带过去给您瞧瞧?"

"老师，现在我面临着一个重大选择，保研还是签约外企。纠结啊，哪个都不想放弃。老师，帮我拿个主意吧。"

"老师，我们宿舍有一个同学太不像话了，从来不打开水，不值日，好像所有人都欠她的，都该为她服务。我实在忍无可忍了，我该不该跟她吵一架?"

"老师，我是湘灵。我最近比较苦恼，马一平（湘灵的男朋友）出国后，和我的联系好像越来越少了。你说会不会出什么事了? 要不就是他变心了?"

"老师，恭喜您当奶奶了。我媳妇昨晚生了个大胖小子，我当爹了，所以您就光荣地升格做了奶奶。且慢，女士不是都怕把自己叫老吗? 那我就让儿子管您叫大妈? 到底是叫奶奶还是大妈，您自己选择吧。"

"老师，离婚后，我自己带着孩子，虽然辛苦点，但心里敞亮，精神反倒比以前好多了，失眠也不治自愈了。"

"老师，我发表了一篇文章！虽然只是一篇千字文，但第一次看到自己的名字变成了铅字，心里非常高兴、非常得意……我激动得一时找不到合适的词来形容心情了。反正天底下所有的褒义词都是为我此刻的心情准备的，您自己选择几个合适的就行。我把文章发到您邮箱了，请您像当年批改作文那样详细批改。"

……

学生的这些电话，总能打开我心中回忆的闸门。我为他们的成绩高兴，也为他们遇到问题着急。我真希望自己能在分享他们的喜悦和成功的同时，分担他们生活中的艰难和坎坷。但是，很多时候，我已经无法像高中阶段那样给他们出谋划策了，而只能做一个默默的倾听者。

三年的师生，一生的缘分。

感谢你们，我的学生。是你们，让我在这个纷纷扰扰的世界中依然保留了一颗恬淡的心，虽然这颗心也曾短暂挣扎过；是你们，让我在平平常常的教师工作中体会到了什么是幸福和甜蜜，虽然也曾伴随着苦涩和烦恼；是你们，让我每日心中带笑走进教室享受每一个属于我们的 45 分钟，虽然不是所有的 45 分钟都有沉甸甸的收获；是你们，让我远离空虚和浮躁，感受到了生命的活力与意义……

感谢你们，我的学生。没有你们，就没有这些文字。

和《教师月刊》首席记者朱永通老师相识，源于《教师月刊》的"记事"栏目。邮件往来之间，反馈之及时让我吃惊，也由此对朱老师的敬业和认真负责的精神感受深刻。我的《打掩护》一文幸运地获得了 2011 年"记事"栏目征文一等奖。因为朱老师，我竟有幸于 2012 年在《教师月刊》开了专栏——《如是我班》。2012 年 2 月 20 日，我收到朱老师的邮件，说可以在《如是我班》专栏写作的基础上，完成一本关于班主任工作的书稿。

出书？我怎么也想不到自己竟会有这样的机会。我诚惶诚恐，怕自己力不能及，更怕机会稍纵即逝。于是，我在忐忑不安中动笔了。

平日喜欢涂涂写写的习惯，让我无意中保留了大量的素材。正常工作之余，我一边翻阅往日留下的素材，一边修改、补充、完善，书稿完成得比较顺利。

我清楚我的文字感性、随意，缺乏理论高度和深度，所以，一直担心会让朱老师失望。但初稿完成后，我很快收到了朱老师的反馈意见，书名也是由朱老师斟酌再三选定的。感谢朱老师，没有他就不会有这本书。

最后，感谢本书未来的读者，感谢你们愿意分享我工作中的幸福和快乐。

张青娟

2012 年夏于西安

图书在版编目（CIP）数据

做学生最好的成长导师：张青娟班主任工作艺术99例/张青娟著.
—上海：华东师范大学出版社，2012.10
ISBN 978 - 7 - 5675 - 0038 - 9

Ⅰ.①做...　Ⅱ.①张...　Ⅲ.①小学—班主任工作　Ⅳ.①G625.1

中国版本图书馆 CIP 数据核字（2012）第 255674 号

大夏书系·全国中小学班主任培训用书
做学生最好的成长导师
——张青娟班主任工作艺术99例

著　者	张青娟
策划编辑	朱永通
审读编辑	杨　坤
封面设计	奇文云海
责任印制	殷艳红
出版发行	华东师范大学出版社
社　址	上海市中山北路 3663 号　邮编 200062
网　址	www. ecnupress. com. cn
电　话	021 - 60821666　　行政传真　021 - 62572105
客服电话	021 - 62865537
邮购电话	021 - 62869887　　地址　上海市中山北路 3663 号华东师范大学校内先锋路口
网　店	http://hdsdcbs. tmall. com/
印刷者	北京季蜂印刷有限公司
开　本	700×1000　16 开
印　张	16
插　页	1
字　数	270 千字
版　次	2013 年 2 月第一版
印　次	2017 年 8 月第四次
印　数	12 101 - 15 100
书　号	ISBN 978 - 7 - 5675 - 0038 - 9/G · 5984
定　价	35. 00 元
出版人	朱杰人

（如发现本版图书有印订质量问题，请寄回本社市场部调换或电话 021 - 62865537 联系）